Dublin

von Christian Nowak und Rasso Knoller

Rasso Knoller, 1959 in Augsburg geboren, lebt heute als Journalist in Berlin. Seit 1989 ist er als Buchautor tätig und hat seitdem mehr als 50 Sachbücher – darunter ein Dutzend Reiseführer – veröffentlicht. Seine Reiseschwerpunkte liegen in Nordeuropa und im englischsprachigen Raum. Zusammen mit Christian Nowak betreibt er die Internetseite www.weltreisejournal.de.

Christian Nowak, 1954 in Berlin geboren, veröffentlicht seit 1984 Reportagen und Fotos. Außerdem sind von ihm bisher mehr als 30 Reiseführer und Bildbände erschienen. Seine Schwerpunkte liegen in Skandinavien und im Baltikum. Darüber hinaus interessieren ihn Inseln weltweit – von Irland, über die Lofoten bis zu den Kapverden.

www.vistapoint.de

Top 10 & Mein Dublin

Stadttouren mit Detailkarten

Streifzüge mit Detailkarten

Vista Points

Erleben & Genießen

Chronik

Service von A–Z und Sprachführer

Zeichenerklärung

Top 10
Das sollte man gesehen haben

Mein Dublin
Lieblingsplätze der Autoren

Vista Point
Museen, Galerien, Architektur und andere Sehenswürdigkeiten

Kartonsymbol: Verweist auf das entsprechende Planquadrat der ausfaltbaren Karte bzw. der Detailpläne im Buch.

Willkommen in Dublin

Schriftsteller und Dichter haben sich in Dublin schon immer wohlgefühlt. James Joyce wurde hier geboren. George Bernard Shaw, Samuel Beckett und auch Oscar Wilde lebten hier. In letzter Zeit entdecken aber auch immer mehr Touristen die irische Hauptstadt für sich. Die zahlreichen Billigfluganbieter, die eine Reise nach Dublin für jedermann erschwinglich machen, sind sicher nur ein Grund von vielen, denn der Ruf der einstigen »grauen Maus« unter den europäischen Hauptstädten hat sich gewandelt: Früher Reiseziel für eingefleischte Fans, ist Dublin heute »in«.

Was den Umfang an kulturellem Erbe angeht, kann es die Stadt vielleicht nicht mit London, Wien oder Berlin aufnehmen, Sehenswertes und Kleinode hat sie jedoch durchaus zu bieten: das weltberühmte Trinity College mit dem Book of Kells, das Dublin Castle, die Christ Church und die St. Patrick's Cathedral

Die O'Connell Bridge über den River Liffey

oder auch das Guinness Storehouse – Museum und Ausstellungsräume der international bekannten Brauerei.

Den eigentlichen Reiz der Stadt machen wahrscheinlich ihre Menschen aus. Ihre Freundlichkeit wirkt erfrischend natürlich, und Hilfsbereitschaft kommt hier von Herzen. Kontakte schließt man schnell. Spätestens, wenn abends in den Pubs bei Guinness und Livemusik die Stimmung steigt, werden Fremde zu Freunden. Ohnehin sind die gemütlichen Pubs ein guter Grund nach Dublin zu kommen – der legendäre Kneipenbezirk Temple Bar ist eine der wichtigsten Attraktionen. Dass Pubs auch Orte der Kultur sein können, bewiesen schon die Schriftsteller der Stadt: Die meisten von ihnen verbrachten viele Stunden am Tresen.

Und dann ist da natürlich die Natur: Keine Stunde vom Zentrum der Hauptstadt entfernt, kann man im Hafenbecken der Insel Howth Seehunden beim Planschen zusehen oder auf einsamen Pfaden in den Wicklow Mountains wandern.
Dublin heißt seine Gäste willkommen – vielleicht mit weniger weltstädtischem Flair als manche große europäische Hauptstadt, dafür aber mit umso mehr Herz.

Top 10: Das sollte man gesehen haben

1 Christ Church Cathedral
S. 11, 37 ➔ aB3

Im 11. Jahrhundert erbaut, ist die Kathedrale das älteste Bauwerk der Stadt. Sehenswert ist vor allem die Krypta.

2 Guinness Storehouse
S. 12, 45 ➔ F5

Hier erfährt man alles über die Herstellung des berühmten dunkelbraunen irischen Bieres. Nach dem Rundgang gibt es in der Gravity Bar im obersten Stockwerk eine kostenlose Guinness-Probe – mit spektakulärem Rundblick über die Stadt.

3 St. Patrick's Cathedral
S. 12, 38 ➔ aC3

In der Kathedrale aus dem 12. Jahrhundert befinden sich Grabmäler vieler bekannter Iren, u. a. sind hier der Schriftsteller Jonathan Swift und die beiden Präsidenten Douglas Hyde und Erskine Childers begraben.

4 Book of Kells im Trinity College
S. 15, 49 ➔ aB5

In der Bibliothek der ältesten Universität des Landes wird das Book of Kells, eine spektakuläre Handschrift aus dem 8. Jahrhundert, aufbewahrt.

5 National Gallery of Ireland
S. 17 f., 35 ➔ aC6

Im größten Kunstmuseum des Landes sind auf drei Stockwerken alle wichtigen irischen Künstler ausgestellt, daneben aber auch europäische Meister wie Caravaggio, Rembrandt oder Picasso.

6 Dublin Writers Museum
S. 20, 24, 33 ➔ D8

Dublin ist die Stadt der Schriftsteller – immerhin vier Nobelpreisträger kommen von hier. Da gehört ein Besuch des Schriftstellermuseums zum Standardbesuchsprogramm.

7 Old Jameson Distillery und Chimney Viewing Tower
S. 25, 42 f., 47 ➔ aA2

Die alte Whiskeydestillerie kann man besichtigen und danach an einer Verkostung des *Uisce Beatha* teilnehmen. Der Aussichtsturm, der ehemalige Schornstein der Produktionsanlage, wird nach der Renovierung in 2013 wieder eröffnet.

8 Phoenix Park
S. 25 ff., 70 f. ➔ bA–bC1–4

Mit 800 Hektar der größte umzäunte Park Europas. Hier laufen 300 Hirsche frei umher. Im Phoenix Park liegt auch die Residenz des irischen Staatspräsidenten.

9 Halbinsel Howth
S. 27 ff., 70 ➡ cB3
Die Halbinsel erreicht man bequem mit dem Vorortzug. Absolut empfehlenswert ist der Cliffwalk entlang der Steilküste, der zu den schönsten Aussichtspunkten und zum Leuchtturm von Baily führt.

10 Glendalough
S. 31 ➡ cE2
Die Überreste einer alten Klostersiedlung aus dem 6. Jahrhundert liegen in naturschöner Umgebung zwischen zwei Seen.

Mein Dublin
Lieblingsplätze der Autoren

Liebe Leser,

dies sind einige besondere Orte dieser Stadt, an die wir immer wieder gerne zurückkehren. Eine schöne Zeit in Dublin wünschen Ihnen

Christian Nowak und Rasso Knoller

The Brazen Head
S. 8, 11, 57 ➡ aB2
Das älteste Restaurant Irlands ist der richtige Ort für ein entspanntes Guinness. Um 21 Uhr schließt die Küche, und es wird Livemusik gespielt.

Leo Burdocks
S. 8, 11 f., 57 ➡ aC3
Im berühmtesten Fish and Chips-Laden der Stadt kaufen angeblich auch Weltstars wie Tom Cruise ein.

The Oliver St. John Gogarty Restaurant in Temple Bar
S. 10, 56 ➡ aB4
Ein abendlicher Rundgang durch die Kneipen des Vergnügungsbezirks Temple Bar gehört zu einem Dublin-Besuch unbedingt dazu. Zum Abschluss geht's ins bekannte The Oliver St. John Gogarty.

Statue der Molly Malone
S. 14, 47 ➡ aB5
Die kleine Statue in der Grafton Street wäre allenfalls einen kurzen Blick wert. Spannend ist es, die Menschen vor der Statue zu beobachten: Für Touristen ist »Molly« ein beliebtes Fotomotiv, für Einheimische ein Treffpunkt, an dem man sich zum Stadtbummel verabredet.

Forty Foot Bathing Place
S. 29 ➡ cC3
Abgehärtete Männer – meist fortgeschrittenen Alters – steigen hier rund ums Jahr ins eiskalte Meer. Wer irische Originale sehen will, macht einen Ausflug zum Bathing Place.

Bier und Beten: Kirchen, Guinness und der älteste Pub des Landes

Vormittag
Touristeninformation in der Suffolk Street – Temple Bar – City Hall – Dublin Castle – Chester Beatty Library – Christ Church Cathedral – Dublinia – St. Audoen's Church.

Das Stadtwappen von Dublin

Mittagspause
The Brazen Head ➡ aB2
20 Bridge St. Lower
✆ (01) 6795186
www.brazenhead.com
Tägl. 10.30–0.30 Uhr
Das älteste Restaurant Irlands bietet volle Teller und viel Atmosphäre.
Alternativ:
Leo Burdocks ➡ aC3
2 Werburgh St.
Einer der besten Fish and Chips-Läden der Stadt.

Nachmittag
St. Patrick's Cathedral – Marsh's Library – Grafton Street mit dem Powerscourt Townhouse. Alternativ oder als zusätzlicher Programmpunkt: Guinness Storehouse.

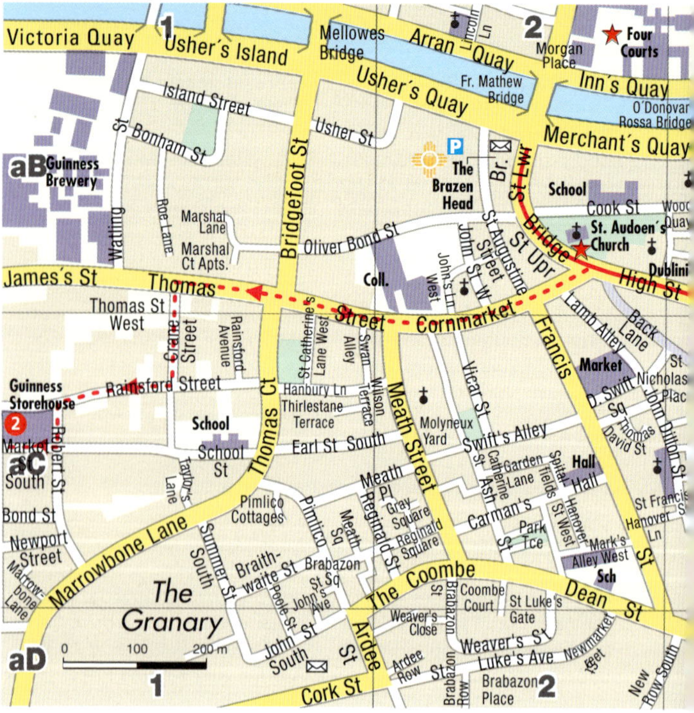

Das Kneipen- und Künstlerviertel Temple Bar

Von der **Touristeninformation** ➡ aB5 in der Suffolk Street, die in der ehemaligen St. Andrew Church untergebracht ist, sind es nur wenige Schritte ins Vergnügungsviertel **Temple Bar** ➡ aB4. Am Gebäude der Central Bank vorbei, geht man die Fownes Street hinab und biegt dann

Dublin Castle symbolisiert 700 Jahre englischer Vorherrschaft

in die Temple Bar ein – der Name der Straße ist identisch mit dem des Viertels. Gleich an der Ecke liegt die **Temple Bar Gallery** ➡ aB4, ein dreistöckiges Gebäude, in dem wechselnde Ausstellungen zu sehen sind. Obwohl im Viertel viele Künstler ihre Ateliers haben, stehen doch die Gaumengenüsse im Vordergrund: Ein Restaurant neben dem anderen, die Kneipen liegen wie an einer Perlenschnur aneinandergereiht, dicht an dicht. An der Ecke zur Fleet Street liegt das wegen seines farbenfrohen Äußeren viel fotografierte Restaurant **The Oliver St. John Gogarty**. Wenig später passiert man »The Temple Bar Trading Company« – die richtige Adresse für alle, die sich Souvenirs mit Temple-Bar-Aufschriften besorgen wollen. Schließlich findet sich an der Ecke Temple Bar/Meeting House Square die kleine Ausstellung des **National Photographic Archive** ➡ aB4.

Direkt dahinter biegt man links in die enge Sycamore Street ein und erreicht nach wenigen Schritten die geschäftige Dame Street, an der die **City Hall** ➡ aB3/4 liegt. Obwohl das Mitte des 18. Jahrhunderts erbaute Gebäude mit seiner großen Kuppel kaum zu übersehen ist, wird es sowohl von Touristen als auch von Einheimischen nur selten besucht – was schade ist, denn hier gibt es viel zu sehen: Bemerkenswert ist die Haupthalle mit der freskengeschmückten Kuppel und den Statuen irischer Nationalhelden. Im Untergeschoss ist eine sehr sehenswerte Ausstellung zur Stadtgeschichte untergebracht. Gleich daneben, etwas zurückgesetzt, liegt das **Dublin Castle** ➡ aB3. Zu Beginn des 13. Jahrhunderts von den Engländern erbaut, wurde es im 18. Jahrhundert renoviert. Im Rahmen einer Schlossführung kann man u. a. die State Apartments besuchen. In diesen wird heutzutage der Staatspräsident in sein Amt eingeführt; dort empfängt er auch Staatsgäste. Ebenfalls auf dem Gelände des Schlosses liegt die **Chester Beatty Library** ➡ aB3/4. Die von einem exzentrischen Sammler zusammengetragene Ausstellung wurde 2002 zum europäischen Museum des Jahres gekürt.

Sie beheimatet neben Kuriosem und Kunstschätzen aus Asien auch eine sehr gute Ausstellung über die führenden Weltreligionen.

Durch die Castle Street erreicht man nach wenigen Schritten die ❶ **Christ Church Cathedral** ➡ aB3. Sie wurde im 12. Jahrhundert an der Stelle einer Holzkirche aus dem Jahre 1030 erbaut und ist damit das älteste noch erhaltene Gebäude der Stadt. Im Inneren ist der Sarkophag des Normannenkriegers Strongbow sehenswert, eine Reliquie des Kirchengründers, des heiligen Lawrence, sowie der Domschatz in der Krypta.

Die gleich nebenan gelegene Ausstellung **Dublinia and the Viking World** ➡ aB3 präsentiert auf unterhaltsame Weise die mittelalterliche Stadtgeschichte. Besucher erhalten zudem einen Einblick in das Leben der Wikinger, die einst Dublin gründeten. Wer sowohl Dublinia als auch Christ Church Cathedral besuchen will, sollte zuerst in die Ausstellung gehen: Dort kann man nämlich ein ermäßigtes Kombiticket für den Besuch beider Sehenswürdigkeiten kaufen. In umgekehrter Reihenfolge funktioniert das sonderbarerweise nicht.

Einige Schritte auf der High Street weiter stadtauswärts erreicht man die **St. Audoen's Church** ➡ aB2, erbaut im 13. Jahrhundert. Das Westportal stammt aus der Vorgängerkirche und datiert sogar bis ins Jahr 1190 zurück. Besichtigt werden kann die Kirche nur während der Sommermonate Juni bis September.

Gleich um die Ecke in der Lower Bridge Street 20 liegt das älteste Pub Irlands. Im **Brazen Head** ➡ aB2 kann man gemütlich sein Bier trinken, man bekommt aber auch preisgünstige irische Hausmannskost serviert – bei gutem Wetter auch im Innenhof unter freiem Himmel. In jedem Fall ein idealer Stopp für die Mittagspause. Wer es eilig hat, kann sich aber auch bei **Leo Burdocks** ➡ aC3, dem angeblich besten *Chipper* der Stadt, Fish and Chips auf die Hand holen. Damit befindet

Guinness

1759 übernahm Arthur Guinness gegen den geringen Pachtzins von £ 45 jährlich eine stillgelegte Brauerei. Der Pachtvertrag wurde damals für eine Laufzeit von 9000 Jahren abgeschlossen. Der Brauereigründer hat also schon damals langfristig gedacht. Ob er aber damit gerechnet hat, dass seine Brauerei einmal zu den bekanntesten der Welt zählen sollte?

Heute verkauft Guinness das dunkle Bier weltweit. Und: Am Erfolg des Bieres hat auch Deutschland seinen Anteil, denn ein Teil des verwendeten Hopfens stammt von dort. Woher genau, will in Dublin allerdings keiner verraten. Immerhin: Die Herkunft des Brauwassers ist kein Geheimnis. Es kommt aus den Wicklow Mountains, ganz in der Nähe von Dublin.

Die Harfe ist sowohl das Firmenlogo, als auch das irische Nationalsymbol. Die »Guinness-Harfe« ist aber deutlich älter. Damit es zu keinen Verwechslungen kommt, wurde die »Irland-Harfe« deswegen spiegelbildlich abgebildet. So zeigt die Harfe bei Guinness nach rechts, die des Staates nach links.

man sich dann in prominenter Gesellschaft, denn laut Firmenprospekt haben sich hier schon Sandra Bullock, Tom Cruise, Bruce Springsteen und die komplette Crew von U2 ihren Fisch geholt. Der Imbissladen liegt in der Werburgh Street 2, gleich gegenüber der Kathedrale.

Für einen Abstecher zum ❷ **Guinness Storehouse** ➡ F5 muss man zehn Minuten Fußweg von der Christ Church Cathedral zum Firmensitz des berühmten Brauereierzeugnisses zurücklegen. Die Hauptstraßen High Street, Cornmarket und Thomas Street entlang und an der St. Catherine's Church von 1769 vorbei, erreicht man linker Hand die Crane Street. Durch sie gelangt man schließlich zum Storehouse. In einer opulenten und deswegen manchmal etwas verwirrenden Multivisionshow wird die Herstellung des Bieres und die Geschichte der Brauerei erklärt. Der Höhepunkt des Rundgangs ist aber ohnehin der Besuch der Gravity Bar im obersten Stockwerk: Hier kann man endlich ein Guinness probieren – und das kostenlos, denn ein Glas des dunkelbraunen Bieres ist im Eintrittspreis inbegriffen. Außerdem hat man von hier oben aus den besten Blick über Dublin.

Von der Christ Church Cathedral aus erreicht man, durch die Nicholas und St. Patrick's Street, innerhalb nur weniger hundert Meter die nächste bedeutende Kirche – die ❸ **St. Patrick's Cathedral** ➡ aC3. Bevor man die Kirche betritt, ist ein kurzer Rundgang durch den kleinen Park vor dem Kirchengebäude zu empfehlen. Auf der Rückseite des Parks sind in einer Mauer Gedenktafeln eingelassen, die an die wichtigsten irischen Dichter erinnern. Der Grundstein zum Bau von St. Patrick's wurde schon im Jahr 1191 gelegt. Ihr heutiges gotisches Aussehen erhielt die Kirche aber erst bei Umbauarbeiten im 13. Jahrhundert. Im Innern der Kathedrale liegen einige sehr berühmte Iren begraben, u.a. der Schriftsteller Jonathan Swift (1667–1745) und die beiden irischen Präsidenten Douglas Hyde (1860–1949) und Erskine Childers (1905–74).

Unmittelbar hinter der St. Patrick's Cathedral biegt man links in die kleine St. Patrick's Close ein. Man folgt der Gasse etwa 50 Meter und erreicht linker Hand **Marsh's Library** ➡ aC/D3, die älteste öffentliche Bücherei Irlands. Sie wurde 1710 vom Erzbischof Narcissus Marsh einge-

St.-Patrick's Day-Parade vor der St. Patrick's Cathedral

richtet. Der Besuch lohnt sich, denn die Räume wurden seitdem nicht verändert. Dienstags und sonntags ist die Bibliothek allerdings geschlossen. Der Weg zurück zum Ausgangspunkt dieses Rundgangs führt durch die Bishop Street und anschließend die Yorck Street zum Stadtpark St. Stephen's Green. Durch die **Grafton Street** ➡ aB/C5 mit ihren vielen Geschäften geht es dann weiter zum Büro der Touristeninformation in der Suffolk Street. Ein kleiner Abstecher zum **Powerscourt Townhouse Centre** ➡ aC4/5 – nur wenige Meter abseits der Grafton Street, Eingang bei »Barretts Shoe Shop« und der Powerscourt Clock – lohnt sich für diejenigen, die mit Designerware im Gepäck die Rückreise nach Hause antreten wollen. In dem alten Herrschaftshaus aus dem 18. Jahrhundert befindet sich nämlich das edelste Einkaufszentrum der Stadt.

Prachtbauten und gepflegte Parks

Vormittag
Touristeninformation in der Suffolk Street – Molly Malone – College Green – Trinity College – Old Library – Bank of Ireland – Mansion House – St. Anne's Church – St. Stephen's Green – National Museum of Archaeology and History – Leinster House – National Library.

Mittagspause
Bevor man sich die **National Gallery of Ireland** anschaut, sollte man sich im Restaurant des Museums stärken, denn das Essen ist hier erstaunlich gut und zudem noch preiswert.

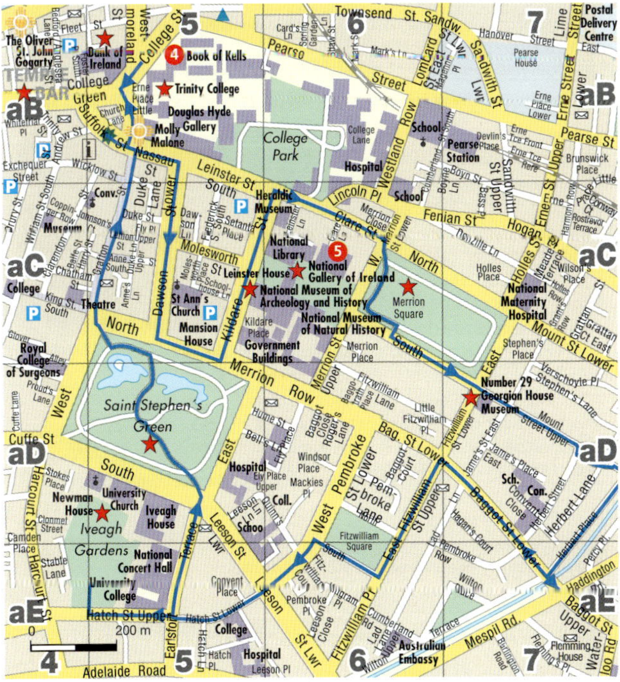

Nachmittag
National Gallery of Ireland – Merrion Square – Number Twenty Nine – Dublin's Georgian House Museum – St. Stephen's Church – Grand Canal – Fitzwilliam Square – Iveagh Gardens – St. Stephen's Green – Grafton Street – Touristeninformation.

Wegen der zentralen Lage in der Suffolk Street bietet sich das **Touristenbüro** ➡ aB5 als Ausgangspunkt auch für diesen Stadtrundgang an. Er führt durch die südlich der Liffey gelegene Innenstadt zu vielen wichtigen Museen, dabei geht es auch immer wieder durch Straßen, die von typisch georgianischen Stadthäusern gesäumt sind. Unterwegs laden auch mehrere grüne Oasen, wie der Merrion Square, St. Stephen's Green oder Iveagh Gardens, mit ihren gepflegten Rasenflächen, Blumenrabatten und Bänken zum Verweilen ein.

Auch wer schon gut mit Informationsmaterial versorgt ist, sollte nicht versäumen, einen Blick in die Touristeninformation zu werfen, die in der ehemaligen **St. Andrew Church** von 1862 untergebracht ist. Außerdem gibt es hier einen gut sortierten Souvenirshop.

Beim Verlassen der Touristeninformation wendet man sich nach rechts und geht ein kurzes Stück auf der Suffolk Street bis zur Kreuzung Grafton Street. Hier steht die Bronzefigur der **Molly Malone** ➡ aB5 mit ihrem Karren. Meist ist sie von Touristen umlagert, die sich zusammen mit der legendären Fischhändlerin fotografieren lassen wollen.

Von Molly Malone sind es nur wenige Schritte bis man am **College Green** ➡ aB4/5, einer der belebtesten Ecken der Stadt, angelangt. Zur Rushhour herrscht am College Green regelmäßig Verkehrschaos, weil hier drei der wichtigsten Straßen aufeinandertreffen. Selbst die Bürgersteige sind so voll, dass man sich kaum in Ruhe die angrenzenden Prachtbauten anschauen kann.

Beherrschend ist die Fassade des **Trinity College** ➡ aB5, hinter der sich die älteste Universität Irlands verbirgt. Seit sie im Jahre 1592 von

Molly Malone
Berühmt wurde Molly Malone durch das Lied »Cockles and Mussels«, eine Art inoffizieller Hymne der Stadt. Die Ballade handelt von der (angeblich wahren) Geschichte einer Dubliner Fischhändlerin: Große Armut zwingt die schöne Molly sich zu prostituieren, da der Fischverkauf allein zum Lebensunterhalt nicht ausreicht. Dabei erkrankt sie an der Cholera und stirbt. Wohl auch wegen des weit ausgeschnittenen Kleids der Bronzefigur nennen sie die Dubliner deshalb »The tart with the cart« – das Flittchen mit dem Karren.

Die freizügige Fischhändlerin Molly Malone

In Dublin's fair city,
where the girls are so pretty,
I first set my eyes on sweet Molly Malone,
As she wheeled her wheel-barrow,
Through streets broad and narrow,
Crying, »Cockles and mussels, alive alive oh!« (...)

Vorbereitungen für den Ball des Trinity College

der englischen Königin Elisabeth I. gegründet wurde, hat sie unter anderem Berühmtheiten wie Jonathan Swift, Oscar Wilde, Bram Stoker oder Samuel Beckett hervorgebracht. Durch eine kleine Tür betritt man mit dem Strom der Studenten den Campus und schon nach wenigen Schritten ist nichts mehr vom Lärm auf dem College Green zu hören. Inmitten des weiten Innenhofs steht das Wahrzeichen der Universität, der 1852 errichtete Glockenturm.

Von außen relativ unscheinbar ist das lange Gebäude zur Rechten, in dem sich die **Old Library** befindet. Im Erdgeschoss dokumentiert die Ausstellung »Die Finsternis in Licht verwandeln« die Geschichte des berühmtesten Buches der Bibliothek, des 4 **Book of Kells**. Das in lateinischen Großbuchstaben geschriebene Buch wird in der Schatzkammer aufbewahrt, ist rund 1200 Jahre alt und enthält die vier Evangelien. Hergestellt wurde die Kostbarkeit höchstwahrscheinlich um das Jahr 800 von Mönchen auf der Insel Iona vor der Westküste Schottlands. Zumindest ein Teil des Buches entstand wahrscheinlich aber auch in Kells, in der irischen Grafschaft Meath. Dorthin waren die Mönche nach einem Überfall der Wikinger geflüchtet. Im 17. Jahrhundert gelangte das Evangeliar schließlich nach Dublin und wird seitdem im Trinity College aufbewahrt. In den Ausstellungsräumen ist aber nicht nur das Original des Buches, das durch seine farbige Ornamentik fasziniert, sondern auch noch weitere kostbare mittelalterliche Evangelienhandschriften zu sehen.

Im ersten Stock befindet sich in dem Long Room eine einzigartige Bibliothek. Der mit dunklem Holz getäfelte Raum ist 65 Meter lang und besitzt über die gesamte Länge eine Tonnengewölbedecke. In den zweistöckigen Regalen, die bis unter die Decke reichen, lagern rund 200 000 kostbare, ledergebundene Bücher. Seit dem Jahr 1743 gibt es an beiden Längsseiten eine Sammlung von Marmorbüsten, die unter anderem Berühmtheiten wie Platon, Sokrates, Cicero, Aristoteles, Shakespeare, Locke, Newton, Swift und Bacon darstellen. In einem eher unscheinbaren Schaukasten ist die wahrscheinlich älteste Harfe Irlands aus dem 15. Jahrhundert zu sehen. Der Legende nach soll sie sogar

Der imposante Bau der Bank of Ireland

noch älter sein und von Brian Boru, einem irischen König, stammen, der im Jahr 1014 starb.

Verlässt man das Trinity College wieder durch die kleine Tür, die zum College Green führt, blickt man halbrechts auf ein imposantes Gebäude, in dem heute die **Bank of Ireland** ➡ aB5 ihre Geschäfte abwickelt. Ursprünglich war das 1729 von Edward Lovett Pearce errichtete Gebäude als Tagungsort des irischen Parlaments gedacht. Diese Funktion erfüllte der stattliche Bau aber nur bis 1801. Ein Blick ins Innere der Bank ist durchaus lohnend, denn die Kassettendecke in der Schalterhalle und das Obergeschoss zählen zu den schönsten Beispielen georgianischer Baukunst.

Von der Bank of Ireland geht man nun den kurzen Weg zurück zu Molly Malone und biegt hier nach links in die Nassau Street ein. Den College Park zur Linken, folgt man der Nassau Street aber auch wieder nur ein kurzes Stück und biegt bald nach rechts in die Dawson Street ein. Hier kann man in mehreren Buchläden stöbern, sich das 1710 errichtete **Mansion House** ➡ aC5, den Sitz des Bürgermeisters, anschauen, einen Blick in die **St. Anne's Church** ➡ aC5 werfen und dann auf eine Tasse Kaffee oder Tee ins sehenswerte Café en Seine einkehren.

Die Dawson Street endet schließlich am St. Stephen's Green ➡ aC/D5. Den Park lässt man fürs Erste aber unbesucht und biegt stattdessen in die Kildare Street ein, nicht ohne einen Blick auf die Hotellegende Shelbourne zu werfen.

Der Rundgang durch eines der Museumsviertel Dublins beginnt mit dem Besuch des **National Museum of Archaeology and History** ➡ aC5/6. Schon die von klassischen Säulen aus irischem Marmor getragene und von einer 19 Meter hohen Kuppel gekrönte Eingangshalle ist einen näheren Blick wert. Auch die nun folgenden Innenräume des 1890 eröffneten Museums zählen zu den schönsten Beispielen des viktorianischen Palladianismus. In der zentralen Emporenhalle sind Funde des prähistorischen Irlands wie Waffen und Steinwerkzeuge sowie eine umfangreiche Sammlung von Goldgegenständen aus der Bronzezeit zu sehen. In der Schatzkammer befinden sich herausragende Beispiele der keltischen und frühchristlichen Metallschmiedekunst. Im sogenannten goldenen Zeitalter der irischen Kunst ab dem 5. Jahrhundert entstanden Meisterwerke wie der »Kelch von Ardagh«, die »Brosche von Tara« und der »Bischofsstab von Clonmacnoise«. Im ersten Stock kann man den Rundgang durch die Landesgeschichte mit der Zeit der Wikinger und dem Mittelalter fortsetzen. Außerdem erhält man eine kleine Einführung in die Geschichte des alten Ägyptens.

Das **Leinster House** ➡ aC5/6 – neben dem Museum – wurde 1745 für den späteren Herzog von Leinster errichtet und diente etwas später dem irischen Architekten des Weißen Hauses in Washington D.C. bei seinen Planungen als Inspiration. Heute nutzen die beiden Kammern des irischen Parlaments, das Unterhaus Daíl und das Oberhaus Seannad, das Gebäude für ihre Sitzungen.

Das Dreigespann der historischen Gebäude in der Kildare Street beschließt die **National Library** ➡ aC6, die ihre umfangreichen Buchbestände in einem sehr ansprechenden Ambiente präsentiert. Sehenswert sind das Foyer und die mit Stuck verzierte Kuppelhalle.

Ein weiteres Highlight des Museumsviertels ist die 1864 eröffnete **5 National Gallery of Ireland** ➡ aC6. Anfangs bestand das Gebäude am Merrion Square nur aus dem von Francis Fowke entworfenen, sogenannten Dargan-Flügel. Doch die immer größer werdende Sammlung erforderte laufende Erweiterungen der Ausstellungsflächen. So wurden 1903 der Milton-Flügel, 1968 der Beit-Flügel und schließlich 2002 der Millennium-Flügel hinzugefügt. Deshalb besteht die Nationalgalerie heute aus einer gelungenen Mischung aus ehrwürdigen viktorianischen und modernen Räumen.

Verteilt auf drei Stockwerke und vier Flügel bieten die 54 Galerien einen hervorragenden Einblick in die westeuropäische Malerei vom Mittelalter bis zum 20. Jahrhundert. Den Kern der Sammlungen bilden die Irische Schule und das Yeats Museum, das Irlands bekanntestem Maler gewidmet ist. Eine Nationalgalerie kommt natürlich nicht ohne bekannte internationale Namen aus: In Dublin sind dies unter anderen Caravaggio, Vermeer, Rembrandt, Monet und Picasso. Bei den doch sonst recht hohen Eintrittspreisen der Dubliner Museen ist es besonders erfreulich, dass der Besuch der Nationalgalerie kostenlos

Kein seltenes Erlebnis in Dublins Straßen: Straßenmusikanten

Von den schönsten georgianischen Häusern umgeben: der Merrion Square

ist – ein Grund mehr, sich für dieses sehenswerte Museum viel Zeit zu nehmen.

Von der National Gallery sind es nur wenige Schritte bis zum schönsten Park aus georgianischer Zeit, dem Archbishop Ryan Park, den die Dubliner aber nur **Merrion Square** ➡ aC6/7 nennen. Bevor man in den umzäunten Park hineingeht und sich an der Stille und den gepflegten Beeten erfreut, lohnt ein Blick auf die fast lückenlosen Reihen der georgianischen Häuser, die den Park umgeben. Typisch für diesen Häusertyp sind die schnörkellosen Fassaden aus roten oder braunen Backsteinen und vor allem die bunten Türen. Fast immer liegen zwei dieser Türen dicht nebeneinander, jeweils von zwei Säulen flankiert und oben von einem halbkreisförmigen Fenster begrenzt. Rund um den Park hat schon so manch berühmter Dubliner gewohnt, in der Nr. 1 der Schriftsteller Oscar Wilde, in der Nr. 84 der Dichter William Butler Yeats und in der Nr. 58 der Politiker Daniel O'Connell. Nicht weit von seiner ehemaligen Wohnung lümmelt der Dichter Oscar Wilde entspannt auf einem Felsen herum. Schaut man ihm von links ins Gesicht, wirkt er melancholisch, von rechts lächelt er seine Besucher mit hochgezogenem Mundwinkel an.

An der Südostecke vom Merrion Square Park kann man eines der georgianischen Häuser von innen besichtigen. **Number Twenty Nine – Dublin's Georgian House Museum** ➡ aD7 ist ein typisches Bürgerhaus vom Ende des 18. Jahrhunderts. Vollständig eingerichtet vom Keller bis zum Dach, gibt es einen guten Einblick in das bürgerliche Leben jener Zeit, das sich zwischen Delfter Porzellan, Baldachinbetten und Puppenstuben für die Kinder abspielte.

Von Number Twenty Nine blickt man in die Upper Mount Street, an deren Ende die wegen ihres eigenwilligen Turms gerne »Pfefferstreuer« genannte **St. Stephen's Church** ➡ aD7 steht. Rechter Hand lohnt ein Blick in die Herbert Street, in deren winzigen Häuschen früher die Dienstboten wohnten. Hinter der St. Stephen's Church trifft man bald auf den **Grand Canal** ➡ aD7, der die südliche Innenstadt halbkreisförmig umschließt. Die nur wenige Meter breite Wasserstraße, die von mehreren Schleusen unterbrochen wird, war früher ein wichtiger Transportweg. Heute sind seine schmalen Uferstreifen beliebte Spazierwege.

Nach einigen hundert Metern entlang des Grand Canals lohnt es sich, wieder nach Norden abzubiegen und zum **Fitzwilliam Square** ➡ aD/E6 zu gehen. Der kleinste georgianische Platz, der erst 1830 in seiner jetzigen Form fertiggestellt wurde, ist ebenfalls von den typischen Backsteinhäusern mit den bunten Türen umgeben. Der gepflegte Park steht allerdings nur den Anwohnern zur Verfügung, nur sie besitzen einen Schlüssel für die eisernen Tore.

Die einige Blocks westlich gelegenen **Iveagh Gardens** ➡ aD/E4/5 verbergen sich zwar hinter hohen Mauern, sind aber für die Öffentlichkeit zugänglich. Das Areal gehörte einst der wohlhabenden Bierbrauerfamilie Guinness, heute ist es ein verwunschener Stadtpark mit Brunnen, Rosengärten, Kaskaden und Blumenbeeten.

Auch den fast unmittelbar nördlich angrenzenden Park **St. Stephen's Green** ➡ aC/D5 verdankt die Stadt einem edlen Spender aus der berühmten Bierbrauerfamilie. Sir Arthur Guinness ließ ihn 1880 anlegen und schuf damit eine der grünen Lungen Dublins. Am nordwestlichen Eingang, am Ende der Grafton Street, erhebt sich der Triumphbogen Fusilier's Arch. Beim Schlendern durch den Park lohnt es sich, ein Auge auf die zahlreichen Denkmäler zu werfen. Zu sehen sind William Butler Yeats, Theobald Wolfe Tone, Countess Markievicz, James Joyce, James Clarence Mangan und Robert Emmet. Tafeln im Park geben Auskunft über den Standort der Skulpturen. Der sattgrüne Rasen, die gepflegten Blumenbeete, Bänke und kleine Pavillons um den Ententeich laden zur Lunchpause, zum Zeitunglesen oder Faulenzen ein.

Verlässt man St. Stephen's Green durch den Fusilier's Arch, ist man sofort in der **Grafton Street** ➡ aC5, einer belebten Fußgängerzone mit vielen Einkaufsmöglichkeiten. Am Nordende der Grafton Street wartet dann schon wieder Molly Malone, von der es nicht mehr weit zurück zur Touristeninformation ist. ■

Die grüne Lunge von Dublin: St. Stephen's Green

Hauptstadt der Schriftsteller

Liegt es an der irischen Luft oder am Wind? Oder am Bier und Whiskey? Keiner weiß es – aber eines ist Tatsache: Dublin ist die Welthauptstadt der Dichter und Schriftsteller. Keine andere Stadt hat im Verhältnis zur Einwohnerzahl so viele Literaturnobelpreisträger hervorgebracht. Und nirgendwo sonst sind so viele bekannte Dichter und Schriftsteller zu Hause.

Einer der ersten in der langen Reihe bekannter Größen war Jonathan Swift. Er trat mit seiner Satire »A Modest Proposal« für die hungernden Menschen in Irland ein. Später waren es dann Sean O'Casey (1880–1964) oder George Bernard Shaw (1856–1950), die in ihren Werken für soziale Gerechtigkeit plädierten. Oscar Wilde (1854–1900), William Butler Yeats (1865–1939, Nobelpreisträger 1923), John Millington Synge (1871–1909) und Samuel Beckett sind weitere Größen am Literaturhimmel.

Der wahrscheinlich bekannteste Dubliner Schriftsteller ist aber James Joyce. Ihm und allen anderen Autoren der Stadt widmet sich das 6 **Dublin Writers Museum** ➡ D8. Speziell an James Joyce erinnern das **James Joyce Museum** ➡ cC3 im Joyce Tower in Sandycove und das **James Joyce Center** ➡ D8. Auch das **Geburtshaus von George Bernard Shaw** ➡ aE4 kann man besichtigen (»The Shaw Birthplace«). Das **Kindheitsheim von Oscar Wilde** ➡ aC6/7 (1 Merrion Square) ist dagegen nicht zugänglich. Nur wenige Schritte von seinem ehemaligen Wohnort entfernt, steht im Park eine Statue zu Ehren des Dichters – obwohl man in diesem Fall wohl eher »liegen« sagen müsste: Der als Dandy bekannte Dichter lümmelt ganz entspannt auf einem Stein.

Keinesfalls »trocken« lernt man die Dubliner Dichter beim »**Dublin Literary Pub Crawl**« kennen. Auf dieser Tour durchstreift man die Kneipenszene der Hauptstadt auf den Spuren der meist recht trinkfreudigen Schriftsteller. Der Guide vor Ort zitiert aus deren Werken – soweit es die Lautstärke in den Pubs zulässt.

Im Archbishop Ryan Park am Merrion Square lächelt Oscar Wilde auf einem Stein selbstgefällig über die Besucher hinweg

Dichter und Schriftsteller aus Dublin

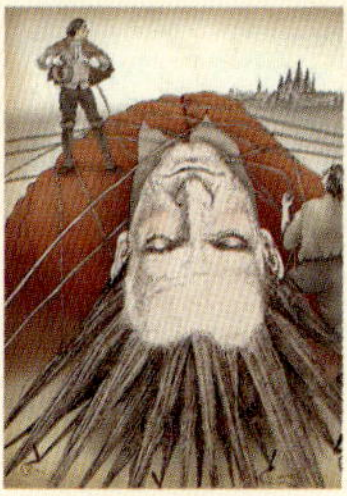

Illustration zu »Gullivers Reisen« von Jonathan Swift

Jonathan Swift (1667–1745), der englisch-irische Schriftsteller war zeitlebens ein politischer Mensch und galt als Rebell. Viele kritische Texte schrieb er allerdings unter wechselnden Pseudonymen – seine Heimatstadt ernannte ihn dennoch zum Ehrenbürger. Weltberühmt machte ihn vor allem sein Roman »Gullivers Reisen« – geschrieben als beißende Satire und nicht als Kinderbuch gedacht, als das es später oft – in stark gekürzter Fassung – veröffentlicht wurde.

Oscar Fingal O' Flahertie Wills Wilde (1854–1900) schrieb zahlreiche Essays, Gedichte und Komödien. Bekannt wurde er vor allem durch seinen Roman »Das Bildnis des Dorian Gray«. Seine Zeitgenossen schätzten seine pointierten Aphorismen, mit denen der Dandy seine Zuhörer amüsierte. Für das Ausleben seiner Homosexualität wurde er zu einer langjährigen Haftstrafe verurteilt.

James-Joyce-Büste in St. Stephen's Green

George Bernard Shaw (1856–1950) wurde als irischer Dramatiker und Satiriker bekannt. Er arbeitete als Theater- und Musikkritiker. Das 1913 erschienene Theaterstück »Pygmalion« diente als Vorlage für das Musical »My Fair Lady«. 1925 erhielt er den Literaturnobelpreis für sein Gesamtwerk.

James Joyce (1882–1941) wurde in Dublin geboren und verdiente seinen Lebensunterhalt u. a. als Journalist in London und Paris. Mit seinen – vergleichsweise wenigen – Werken, mit »Dubliners« und vor allem »Ulysses«, setzte er aber neue Akzente in der modernen Literatur. Doch er fand nicht nur begeisterte Anhänger, sondern ebenso viele erbitterte Gegner – von denen die meisten in Dublin saßen. Sie mokierten sich über den »obszönen Stil« des Autors, störten sich aber auch daran, wie Joyce die irische Hauptstadt und ihre Menschen darstellte. Erst zwölf Jahre nach seinem Erscheinen 1922 in Frankreich kam »Ulysses« in den USA und Großbritannien auf den Markt. In Irland war das Buch zwar nicht verboten, wurde aber bis in die 1950er-Jahre hinein nicht verlegt und galt als eine Art Werk der Untergrundliteratur. Heute schmückt sich die Stadt voller Stolz mit diesem Dubliner.

Porträtfotografie von Samuel Beckett

Samuel Beckett (1906–89) verfasste zahlreiche Gedichte, Romane und Theaterstücke. 1969 wurde ihm der Nobelpreis für sein Gesamtwerk verliehen. Da er sich aber zeitlebens weigerte, über sein Werk zu sprechen, blieb er auch der Preisverleihung in Stockholm fern – und sorgte damit für einen heftigen Skandal. Seiner Geburtsstadt war er nicht sehr treu, sondern lebte ab 1937 ständig in Paris.

Nördlich der Liffey – Wandel eines Arbeiterviertels

Die Stadtteile nördlich der Liffey, der **North Side**, waren bis vor einigen Jahren touristisch völlig uninteressant. Hier lagen die heruntergekommenen Arbeiterviertel, im Süden dagegen wohnten einst die Reichen, wie noch heute leicht an der Vielzahl der erhaltenen Prachtbauten zu erkennen ist. Diese Zweiteilung der Stadt existiert zwar immer noch, aber aufwendige Sanierungskonzepte haben in den boomenden 1990er-Jahren zu einer tiefgreifenden Erneuerung der Stadt geführt und die North Side zu einem lohnenswerten Ziel für Touristen gemacht.

Ein guter Ausgangspunkt für einen Spaziergang durch den Dubliner Norden ist die Talbot Memorial Bridge. Schon von der Brücke aus ist das imposante **Custom House** ➡ E9 mit seiner 130 Meter langen Fassade und der grünen Kuppel zu sehen. Das 1791 nach Plänen von James Gandon fertiggestellte, ehemalige Hauptzollamt mit dem imposanten Säuleneingang zählt zu den architektonisch interessantesten Gebäuden Dublins.

Ein kurzer Abstecher flussabwärts auf der neu angelegten Uferpromenade Custom House Quay führt zur Skulpturengruppe **The Famine** ➡ E9 von Rowan Gillespie. Die ausgemergelten, in Bronze gegossenen Figuren erinnern sehr eindrücklich an die Hungerjahre Mitte des 19. Jahrhunderts. Schaut man weiter flussabwärts, fallen an beiden Flussufern zahlreiche Neubauten und Kräne auf, die Teil der umfangreichen Sanierung der einst heruntergekommenen **Docklands** ➡ E10–12 sind. Wer Lust hat, kann noch weiter am Ufer entlang flussabwärts schlendern und das Wachsen der modernen Büro- und Wohnhäuser aus Glas, Edelstahl und Aluminium verfolgen.

Entlang des Flusses geht es dann wieder zurück zum Custom House. Gegenüber der **Liberty Hall** ➡ E9, dem Haus der Transportarbeiter-Gewerkschaft, steht etwas versteckt ein Denkmal für den 1916 von den Briten hingerichteten Gewerkschaftsführer James Connolly. Voraus ist schon die breite **O'Connell Bridge** ➡ E8 zu sehen, die in die gleichnamige Straße übergeht. Gleich am Beginn des breiten Boulevards steht das Denkmal für einen der bekanntesten irischen Freiheitskämpfer,

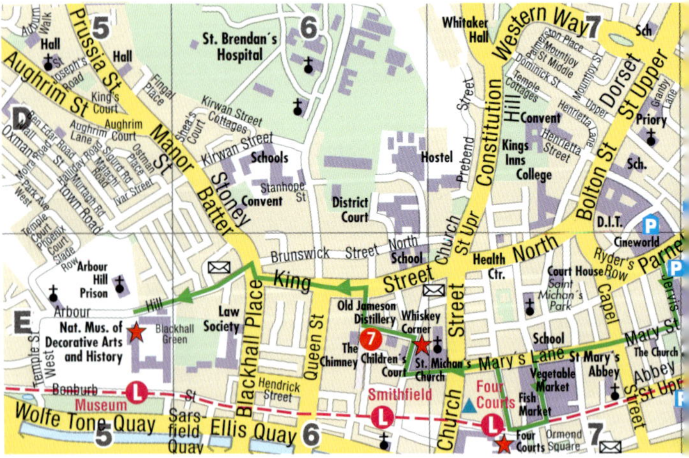

Pub auf der North Side von Dublin

den »Liberator« Daniel O'Connell. Weitere Statuen patriotischer Iren zieren auch im Folgenden den Mittelstreifen bis zur Statue von Charles Stewart Parnell am Parnell Square.

Die von einigen Prachtbauten gesäumte **O'Connell Street** ➡ D/E8 hat in den letzten Jahren durch ein gründliches Facelifting deutlich an Attraktivität gewonnen und ist eine der Lebensadern der Stadt, fast immer geschäftig, zur Rushhour oft sogar hektisch. Bemerkenswerte Gebäude sind das Anfang des 20. Jahrhunderts erbaute **Kaufhaus Clerys** und vor allem das Gebäude der **General Post Office** ➡ E8 von 1814, das mit seiner Säulenfront wie ein monumentaler griechischer Tempel wirkt. Auf dem gesamten Boulevard lohnt immer wieder mal ein Blick auf die teils sehr schönen Uhren an den Häuserfronten. An der Einmündung der Henry Street, einer weiteren Einkaufsmeile, ist seit 2002 das moderne Wahrzeichen Dublins zu sehen. Auf dem Mit-

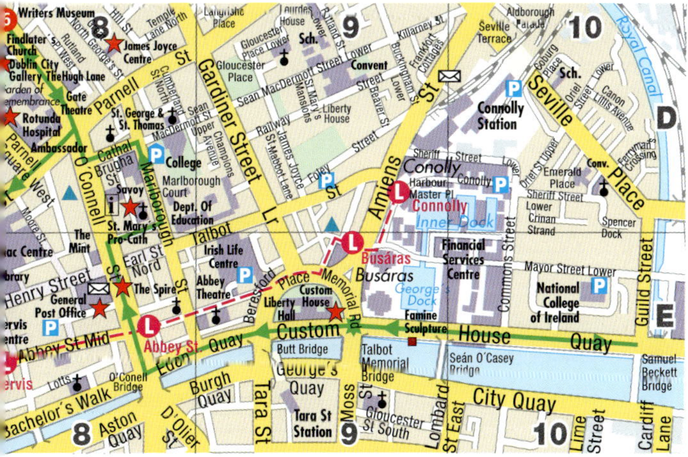

Nördlich des Liffey River

telstreifen sticht die **Dublin Spire** ➡ E8, eine 120 Meter hohe und am Fuß nur drei Meter dicke Stahlnadel, kerzengerade in den Himmel. Am Beginn der von rechts einmündenden Earl Street North sollte man noch einen Blick auf das **James-Joyce-Denkmal** werfen.

Nun folgt man der O'Connell noch bis zur Einmündung der kleinen Catherine Street, in die man nach rechts einbiegt und nach wenigen Schritten zur **St. Mary's Pro Cathedral** ➡ D8 von 1825 gelangt. Die einzige katholische Kathedrale Dublins war bei ihrer Errichtung nur als Provisorium gedacht und wurde in dieser Nebenstraße versteckt, um keinen Streit mit den Protestanten anzufachen. Aus dem Provisorium ist eine Institution geworden, denn in der von außen recht unscheinbaren fünfschiffigen Kirche werden bis heute Messen gelesen. Über die Marlborough Street kommt man zu **St. George and St. Thomas** ➡ D8, einer kleinen Backsteinkirche, die auf dem Mittelstreifen zwischen all den sie überragenden, gesichtslosen Neubauten etwas verloren wirkt. Nach diesem kleinen Abstecher erreicht man wieder die O'Connell Street kurz vor ihrem Ende am Parnell Square.

Nun geht es durch die Parnell Street bergauf, linker Hand steht das ehrwürdige **Gate Theatre** ➡ D8, rechter Hand passiert man eine Reihe georgianischer Häuser. An der nächsten Kreuzung liegt der **Garden of Remembrance** ➡ D8, angelegt in den 1960er-Jahren. Der kleine Park mit Wasserbecken, Bänken und der monumentalen Plastik »Children of Lir« erinnert an Irlands Freiheitskämpfer. In der angrenzenden Parnell Square North warten zwei weitere Highlights, das 6 **Dublin Writers Museum** ➡ D8 und die Dublin City Gallery The Hugh Lane. Das 1991 eröffnete Writers Museum ist in einem schönen Haus aus dem 18. Jahrhundert untergebracht und widmet sich den literarischen Größen der Stadt. Im Erdgeschoss wird das Schaffen von Swift, Sheridan, Shaw, Wilde, Yeats, Joyce und Beckett anhand ihrer Werke und persönlicher Gegenstände beleuchtet. Im prächtig ausgeschmückten Saal im Obergeschoss sind zahlreiche Portraitgemälde der berühmten Schriftsteller zu sehen.

Die benachbarte **Dublin City Gallery The Hugh Lane** ➡ D8 beherbergt Gemälde einiger französischer Impressionisten z.B. von Renoir und Degas, dient aber hauptsächlich als Ausstellungsfläche für irische Kunst des 20. Jahrhunderts. Eine neue Dauerausstellung zeigt das original rekonstruierte Studio von Francis Bacon, dessen chaotischer Zustand kaum noch zu überbieten ist. Bemerkenswert ist auch das Gebäude in dem die Galerie untergebracht ist. Das 1762 von William Chambers entworfene Charlemont House stellt mit seinen modernen Erweiterungsbauten eine gelungene Mischung als Alt und Neu dar und überzeugt auch durch seine gelungene Lichtführung, die die ausgestellten Werke gut zur Geltung bringt.

Der Spaziergang führt zurück zur Parnell Street mit relativ uninteressanten Einkaufsmöglichkeiten wie dem Ilac Centre. Die bald links abbiegende Jervis Street führt zum gleichnamigen Shopping Center und zum **The Church Bar & Restaurant** ➡ E7 (Mary St. Ecke Jervis St.), das in der ehemaligen St. Mary's Church untergebracht ist und sich hervorragend für eine Lunchpause eignet. Dass man hier in einer ehemaligen Kirche speist, ist nicht zu übersehen, denn selbst die Orgel mit ihren goldenen Pfeifen ist noch vorhanden.

Nun schlendert man durch die Mary's Lane, die besonders am Morgen wegen ihrer Obst-, Gemüse- und Fischmärkte interessant ist, und macht dann einen kurzen Abstecher zum Flussufer, wo sich die zwischen 1796 und 1802 erbauten Gerichtshöfe **Four Courts** ➡ E7 befinden. Die gesamte Pracht ihrer Fassade ist am besten vom südlichen Ufer der Liffey zu sehen. Danach geht es zur **St. Michan's Church** ➡ E6/7, auf deren Orgel schon Händel spielte, doch heute kommen die meisten Besucher, um sich die mumifizierten Leichen in der Krypta anzuschauen. Nicht weit entfernt liegt die im Jahr 1780 gegründete **7 Old Jameson Distillery** ➡ E6 im Stadtteil Smithfield. Ein rund dreiviertelstündiger Rundgang mit anschließender Verkostung zeigt die ehemaligen Produktionsstätten der Whiskey-Destillerie. Der **Chimney Viewing Tower** ist ein Aussichtspunkt auf der Spitze des ehemaligen Schornsteins der Old Jameson Distillery. Er wird nach der Sanierung noch in 2013 wieder zugänglich sein. Von oben hat man den besten Überblick über den Stadtteil Smithfield. Um die ehemalige Destillerie herum ist ein modernes Büro- und Geschäftsviertel entstanden, das allerdings noch teilweise leer steht. Auch auf dem weiten Platz Smithfield Market kommt man sich deshalb noch etwas verloren vor.

Einige hundert Meter weiter erreicht man die Collins Barracks, einst die größte Kaserne Europas. Heute ist in einem Teil des riesigen Komplexes das **National Museum of Decorative Arts and History** ➡ E5 untergebracht. Ebenfalls im Museum untergebracht, ist die neue Ausstellung »Soldiers and Chiefs«, die Irlands militärische Geschichte der letzten 500 Jahre ausführlich beleuchtet. Wer nach diesem Spaziergang durch die ehemaligen Arbeiterviertel nördlich der Liffey bequem zum Ausgangspunkt zurückkommen möchte, steigt vor dem Museum in die neue Straßenbahn ein und fährt bis zur Abbey Street.

Rundgang durch den Phoenix Park

Besucher, die mit dem Bus zum **8 Phoenix Park** fahren, sollten den Rundgang am Park Gate im Südosten beginnen – und am Ashtown Gate im Nordosten beenden. Der Vorteil: Sie können bei der Hinfahrt mit dem Bus Nummer 10 zur Endstation in der Infirmary Road fahren und die Rückreise ins Stadtzentrum mit Bus 37, 38, 39 oder 70 von der Navan Road aus antreten.

Bereits vom Park Gate sieht man den fast 70 Meter hohen Obelisken des **Wellington-Denkmals** ➡ bC4. Es erinnert an den in Dublin geborenen Duke of Wellington, der als Feldherr in der Schlacht von Waterloo Kaiser Napoleon besiegte. Mit dem Bau des Denkmals begann man 1814, doch fertiggestellt wurde es erst 1861. Der Grund für die lange Bauzeit: Anfangs ging das Geld aus, und danach konnte man sich nicht über das Aussehen des Monuments einigen.

Gegenüber dem Denkmal liegt der **Cricket Ground** ➡ bB4. Für deutsche Besucher eigentlich weniger interessant, würde sich damit nicht eine deutsch-irische Kriegsanekdote verbinden: Am 31. Mai 1941 warf ein Flugzeug der Luftwaffe aus Versehen vier Bomben über Dublin ab, denn eigentlich befanden sich Deutschland und Irland nicht im Krieg. Eine davon beschädigte das Dach des Cricketclubs. Die Dachplatten zersplitterten und flogen auf das Spielfeld, sodass das angesetzte Spiel abgesagt werden musste. Nach Kriegsende entschuldigte sich die deutsche Regierung offiziell für den Vorfall und schickte einen Scheck in Höhe von £ 219 zur Reparatur des Daches.

Einige Schritte weiter zweigt rechts von der Chesterfield Avenue, die den Park in der Mitte durchschneidet, die Straße zum **Zoo** ➡ bB4 ab. Dieser Tierpark wurde bereits 1831 eröffnet und zählt damit zu den ältesten Tiergärten Europas. Er ist selbst denjenigen Besuchern zu empfehlen, die normalerweise mit Tieren in Käfigen nichts anfangen können. Gefangen sind die Tiere zwar auch hier, doch haben sie immerhin viel Auslauf. Besonders breiten Raum widmet man – nicht nur was die Quadratmeter angeht – Raubkatzen und Primaten. Über das ganze Zoogelände sind zudem mehrere künstliche Teiche verteilt, an denen schöne Picknick- und Spielplätze angelegt wurden. Damit ist der Zoo von Dublin ein ideales Ausflugsziel für die gesamte Familie.

Der Spaziergang führt weiter am Polofeld vorbei, das sich bereits seit 1832 hier befindet, hin zum **Áras an Uchtaráin** ➡ bB3, der Residenz des Staatspräsidenten. Diese wurde 1751 als Wohnung des »königlichen Parkwächters« erbaut und war dann 1782 bis 1922 Sitz der Vertreter des englischen Königs. Erst seit 1938 hat der Staatspräsident in die-

Damwild am Papstkreuz im Phoenix Park

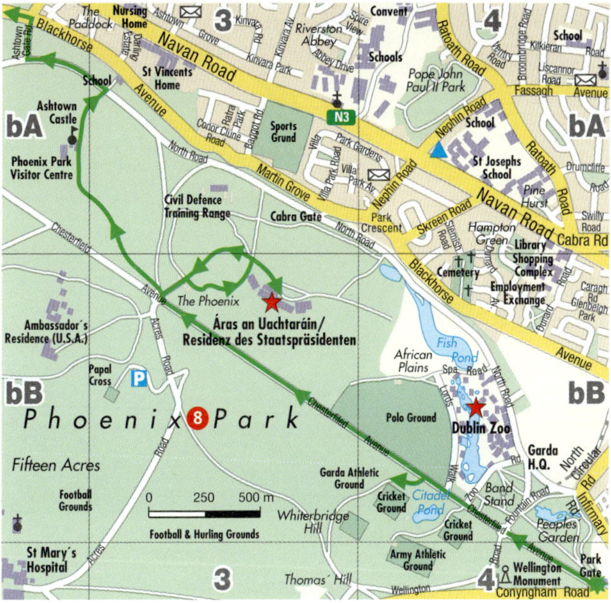

ser Villa im Phoenix Park seinen Amtssitz. Einmal in der Woche – am Samstag – kann das Gebäude im Rahmen einer kostenlosen Führung besichtigt werden.

Etwa einen halben Kilometer vom Präsidentenpalast entfernt liegt das **Phoenix Park Visitor Centre** ➡ bA2. Hier erwartet einen eine kleine Ausstellung über die Natur und die Geschichte des Parks. Gleich daneben befindet sich das **Ashtown Castle**. Es handelt sich allerdings um keine komplette Burg, sondern um einen Befestigungsturm aus dem frühen 17. Jahrhundert. Um den Spaziergang zu beenden, verlässt man das Visitor Centre am Hinterausgang und erreicht nach zehn Minuten das Ashtown Gate. Von diesem aus gelangt man in zwei Minuten zur Bushaltestelle in der Navan Road.

Abseits des Spaziergangs liegen noch einige weitere Sehenswürdigkeiten im Park: Das **Papstkreuz** ➡ bB3 erinnert an den Besuch von Papst Johannes Paul II. im Jahre 1979. Die prächtige **Residenz des US-amerikanischen Botschafters** ➡ bB2, erbaut 1776, kann nicht besichtigt werden. Wer etwas Glück hat, bekommt vielleicht auch einen oder mehrere der etwa 300 frei im Park umherlaufenden Damhirsche zu sehen.

Wanderung um die Halbinsel Howth

Der Vorortzug DART benötigt vom Zentrum rund eine halbe Stunde bis zur nördlich von Dublin gelegenen Halbinsel ❾ **Howth** ➡ cB3. Je nach Lust und Laune kann man in dem beliebten Ausflugsziel nur ein oder zwei Stunden verbringen und die Hafenatmosphäre genießen oder aber einen Tagesausflug machen und entlang der Cliffs fast um die ganze Halbinsel wandern.

Baily Lighthouse auf der Halbinsel Howth

Wendet man sich am Bahnhof von Howth nach rechts, kommt nach einigen hundert Metern die Abzweigung Richtung Deer Park. Gleich links liegt die **St. Mary's Abbey**, voraus das Eingangstor zum weitläufigen Schlosspark mit dem **Howth Castle**. Das Castle, erbaut 1564, wurde bis Anfang des 20. Jahrhunderts noch vom örtlichen Earl bewohnt und ist auch heute noch in Privatbesitz. Damit ist es das älteste bewohnte Privathaus des Landes und kann deshalb nicht besichtigt werden. Aber auch von außen hat das mit Türmchen und Zinnen verzierte Schloss, das allerdings noch einigen Sanierungsbedarf hat, seinen Reiz.

Das benachbarte **National Transport Museum** muss man nicht unbedingt besichtigen. Lohnender ist es, noch ein Stück weiter durch den Schlosspark bis zum **Hotel Deer Park** zu gehen, denn neben dem schönen Blick über Howth sind auch die Rhododendrenwälder im Castle Garden absolut sehenswert.

Nach der Rückkehr zum Bahnhof wendet man sich nun nach links und ist in wenigen Minuten mitten im Zentrum von Howth. Der **Hafen** wird von West Pier und East Pier geschützt, auf letzterem steht ein kleiner Leuchtturm aus Natursteinen. Die im Hafen liegenden Boote und die Fischläden lassen keinen Zweifel daran, dass der Ort auch heute noch hauptsächlich vom Fischfang lebt. Wer Glück hat, kann im Hafenbecken Seehunde beobachten, die immer wieder mit ihren Köpfen aus dem Wasser auftauchen und auf Fischabfälle warten.

Folgt man nun der Häuserzeile, die einige Pubs, Geschäfte und Restaurants beherbergt, kommt man in der Nähe des East Piers zum edlen Fischrestaurant **King Sitric**, von dem man einen schönen Meerblick genießt. Hier ist auch der Einstieg in den äußerst lohnenden **Cliff Walk**. Dazu folgt man anfangs der Balscadden Road, die ansteigend der Küstelinie folgt und dabei einige traumhaft schön gelegene Häuser passiert. Von der Straße kann der Blick über den Hafen und die vorgelagerte Insel **Ireland's Eye** mit ihren vom Guano weißen Vogelfelsen schweifen. Nach den letzten Häusern steigt man noch ein Stück weiter die Cliffs hinauf und geht dann relativ höhenparallel in rund einer Stunde zum **Baily Lighthouse**. Der Weg ist zwar immer einfach zu begehen, verläuft aber direkt an der Steilküste entlang und bietet so spektakuläre Ausblicke. Tief unten ziehen Möwen, Tölpel und Kormorane ihre Kreise über dem Wasser, und wenn der Ginster blüht, ist die Luft voll von seinem an Kokos erinnernden Duft. Schon aus der Ferne ist der 1814 erbaute Leuchtturm von Baily auf einer grünen Landzunge zu sehen, dahinter die Bucht von Dublin und das Häusermeer der Hauptstadt. Nach einem Aufstieg von einigen wenigen Höhenmetern steht man dann auf The Summit, dem Gipfel.

Von hier bieten sich drei unterschiedlich lange Möglichkeiten für den Rückweg an. Am schnellsten ist man in Howth, wenn man sich am Summit halbrechts hält, die Baily Green Road bis zum Pub Summit Inn hinuntergeht und dort auf den nächsten Bus (Nr. 31) wartet, der über Howth bis zum Dubliner Zentrum fährt. Vom Summit Inn hinunter zum Bahnhof von Howth kann man aber auch problemlos laufen. Anfangs führt die Straße durch Einfamilienhaussiedlungen, dann durch den Ortskern. Unterwegs kommt man an zwei Kirchen vorbei, der **Church of Assumption** und der Ruine von **St. Abbey's Church**. Auf der Hauptstraße unterhalb der Kirchenruine lohnt die urgemütliche **Abbey's Tavern** einen Besuch. Wer abends kommt, wird mit einem mehrgängigen Menü zu Livemusik verwöhnt.

Am Summit kann man aber auch noch weiter wandern und fast die gesamte Halbinsel auf dem **Cliff Path** umrunden. So gelangt man in den Park vom Howth Castle und anschließend in wenigen Minuten zum Bahnhof. Je nach Gehtempo und Pausenlänge sollte man für diese Variante drei bis vier Stunden einplanen.

Ausflug in das südliche Umland von Dublin

Ein sehr lohnender Ausflug ins südliche Umland von Dublin führt über die Küstenstädte Dun Laoghaire (ausgesprochen wird es: Dan Liri) und Bray zum Park von Powerscourt Gardens hinein in das wellige Hügelland der Wicklow Mountains. Wende- und zugleich Höhepunkt der Fahrt sind die alten Klosterruinen von Glendalough. Bis Bray kann man diesen Ausflug auch mit der Vorstadtbahn DART machen – sowohl Sandycove als auch Dalkey und Bray sind damit zu erreichen. Nach Glendalough kann man mit Regionalbussen fahren, aber die Verbindungen sind nicht sehr häufig, dagegen gibt es viele Ausflugsfahrten die dorthin führen.

Mit dem Pkw verlässt man Dublin auf der Beach Road Richtung Süden und erreicht nach knapp einer halben Stunde den Fährhafen **Dun Laoghaire** ➡ cC3. Von hier legen mehrmals täglich die Fähren in Richtung Holyhead ab. Noch in Sichtweite des Hafens, aber schon in der Nachbargemeinde Sandycove Point liegt der **Forty Foot Bathing Place** ➡ cC3. Hierher kommt man eigentlich nicht wegen des Badens, sondern wegen der Menschen, die ins Wasser steigen: Abgehärtete Originale – meist Männer in fortgeschrittenem Alter – nehmen hier rund um das Jahr ihr Bad. Dass das Wasser im Winter nur noch fünf Grad »warm« ist und im Sommer die Temperatur kaum über die Zwölf-Grad-Marke steigt, stört dabei niemanden. Damen dürfen hier übrigens erst seit knapp 30 Jahren baden, ursprünglich war Forty Foot nämlich ein »Gentlemen Bathing Place«.

Oberhalb der Badestelle liegt der **James Joyce Tower** ➡ cC3. Er wurde wie viele weitere Martello-Türme 1804 erbaut, um für den Fall eines französischen Invasionsversuchs durch Napoleon gerüstet zu sein. Gebraucht wurden sie nie. Heute ist im Tower das **James Joyce Museum** untergebracht. Joyce hat hier im Jahr 1904 einige Tage gewohnt – allerdings unter sehr ungewöhnlichen Umständen: Er war damals bei einem Schriftstellerkollegen zu Gast. Außer den beiden wohnte noch ein Freund des Gastgebers mit in dem Turm. Doch bald schon traten zwischen den drei Männern Spannungen auf. Es kam zum Streit. In der sechsten Nacht schreckte der Freund des Gastgebers aus dem Bett hoch: Er hatte einen Alptraum, in dem er sich gegen einen Panther verteidigen musste. Noch im Halbschlaf griff er zum Gewehr und schoss verwirrt ins Feuer. Der Gastgeber entriss ihm die Waffe, sagte »Lass ihn mir«, und zielte auf die Kochpfannen im Regal über dem Bett von Joyce. Der verstand den Wink mit dem Zaunpfahl und verlies noch in derselben Nacht das ungastliche Haus.

Der Martello Tower hat sich unauslöschlich in Joyces' Gedächtnis eingebrannt: Als er viele Jahre später seinen Roman »Ulysses« schrieb, legte er die Eröffnungsszene des Romans in den Turm. Anhand der Romanbeschreibung wurde der Raum im ersten Stock des Turms eingerichtet. Im Erdgeschoss ist der Rest des kleinen Museums untergebracht. Bemerkenswert ist dort vor allem die Totenmaske des Schriftstellers.

Einen kurzer Stopp lohnt das nahegelegene **Dalkey Castle** ➡ cC3, ein Befestigungsturm aus dem Mittelalter. Für Joyce-Fans wichtig: Er spielt im zweiten Kapitel von »Ulysses« eine Rolle. Wiederum nur wenige hundert Meter weiter, diesmal allerdings bergaufwärts, erreicht man den Aussichtspunkt am **Dalkey Hill** ➡ cC3. Von hier hat man einen schönen Blick hinab nach Dun Laoghaire und bis nach Dublin.

Der Nachbarort **Bray** ➡ cD3 ist eines der ältesten irischen Seebäder. Er hat aber in den vergangenen Jahren viel von seinem Charme eingebüßt und sich zur einer Schlafstadt vor den Toren der Hauptstadt entwickelt. Die meisten der hier lebenden Menschen arbeiten in Dublin. Entsprechend dicht ist der Autoverkehr. Wer als Tourist mit dem Auto unterwegs ist, sollte die Zeiten der Rushhour meiden.

Nach Bray biegt man von der Küstenstraße ins Landesinnere ab und erreicht nach wenigen Kilometern **Powerscourt Gardens** ➡ cD2, einen der größten und schönsten Parks Irlands. Besonders sehenswert sind der italienische und japanische Garten sowie der Delfinteich mit seinen Seerosen. Das 1974 abgebrannte Herrenhaus aus dem Jahr 1731 wurde inzwischen wieder aufgebaut und kann besichtigt werden.

Der gleichnamige **Wasserfall** liegt sechs Kilometer von den Powerscourt Gardens entfernt. In vielen Broschüren und Reiseführern wird er mit einer Höhe von 130 Metern angegeben. Doch um Enttäuschungen zu vermeiden: Von freiem Fall kann keine Rede sein. Wer die fünf Euro Eintrittsgeld nur für die Besichtigung des Wasserfalls bezahlt, wird enttäuscht sein. Wer aber einen Picknickkorb mitbringt und hier eine Mittagsrast macht, der hat sein Geld gut angelegt. Am Fuße des Wasserfalls stehen Tische,

Das bronzene Glendalough Cross

Vom hl. Kevin gegründet: Glendalough südlich von Dublin

Bänke und sogar einige Grillstellen bereit. Sie essen lieber im Restaurant? In Roundwood wartet der höchstgelegene Pub Irlands auf seine Gäste – Hochgebirgsstimmung gibt es dennoch nicht: **Vartry House** ➡ cE2 liegt nämlich gerade mal 238 Meter über dem Meeresspiegel.

Von Roundwood aus erreicht man in knapp zehn Minuten ⑩ **Glendalough** ➡ cE2. Das Wort stammt aus der irischen Sprache und bedeutet »Tal zwischen zwei Seen«. Die Überreste der im 6. Jahrhundert vom heiligen Kevin gegründeten **Klostersiedlung** gehören zu den größten Sehenswürdigkeiten Irlands. Damals war Glendalough ein wichtiges spirituelles Zentrum – mehrere hundert Mönche und Klosterschüler lebten hier gleichzeitig.

Die meisten Gebäude, die man heute noch sehen kann, stammen aus der Zeit zwischen dem 9. und dem 13. Jahrhundert. Das größte Gebäude des Klosters ist heute allerdings eine Ruine. Die Kathedrale wurde in verschiedenen Phasen zwischen dem 9. und 13. Jahrhundert erbaut. Nur wenige Schritte entfernt liegt das Keltenkreuz **St. Kevin's Cross**.

Viel fotografiert wird der über 30 Meter hohe, schmale **Rundturm.** Er war einst in sechs durch Holzfußböden voneinander getrennte Stockwerke unterteilt und diente den Mönchen als Glockenturm und Vorratsraum – sowie im Falle von Angriffen als Wehrturm. Damit die Feinde ihn nicht einfach stürmen konnten, lag der Eingang mehr als drei Meter über dem Boden. Klein, aber deswegen nicht minder beeindruckend ist **St. Kevin's Church,** die mehr als tausend Jahre alt ist.

Glendalough ist nicht nur wegen der Überreste des alten Klosters sehenswert, auch die Natur hat hier ihren ganz besonderen Reiz. Die Ruinen liegen, eingebettet zwischen Bäumen, in einem Tal – ganz in der Nähe des Glendassen River und des Upper und des Lower Lake. Ein Spazierweg verbindet die Klosterruinen mit beiden Seen; etwa 25 Minuten geht man zum weiter entfernten Upper Lake. Dort sind einige Ruinen zu sehen, u. a. die der **Reefert Church** aus dem 11. Jahrhundert. Auch ein Wasserfall wird passiert. Wer mehr über das Kloster erfahren möchte, hat dazu im Visitor Centre Gelegenheit. Dort kann man auch Broschüren kaufen oder eine Führung buchen. ■

Museen, Kirchen, Parks und Gärten, Architektur und andere Sehenswürdigkeiten

Im Folgenden werden in der Regel drei **Eintrittspreise** angegeben: zunächst der Einzelpreis für Erwachsene, dann der ermäßigte Preis für Studenten und Rentner sowie für Kinder ab 6 Jahren.

Eine gute Möglichkeit, Geld zu sparen, ist die Anschaffung des **Dublin Pass**, den es für Erwachsene und Kinder für ein, zwei, drei oder sechs Tage gibt. Mit ihm gibt es freien Eintritt oder Rabatt bei Sehenswürdigkeiten, Museen, Restaurants und Geschäften. Erhältlich ist das Dublin Pass online unter www.dublinpass.ie, am Flughafen und in den Touristenbüros. Er kostet: für einen Tag € 35/19, für zwei Tage € 55/31, für drei Tage € 65/39 und für sechs Tage € 95/49.

Museen

Chester Beatty Library ➡ aB3/4
Im Dublin Castle, Dublin 2
Bus 9, 13, 16, 123, DART bis Tara St.
✆ (01) 407 0750
www.cbl.ie
Mai–Sept. Mo–Fr 10–17, Sa 11–17, So 13–17 Uhr, Okt.–April Mo geschl., Eintritt frei
Die Chester Beatty Library liegt auf dem Gelände des Schlosses und zeigt die von ihrem Namensgeber Sir Alfred Chester Beatty im Laufe eines Sammlerlebens zusammengetragenen Stücke. Im Wesentlichen besteht das Museum aus zwei Teilen: einer Sammlung asiatischer Kunst, darunter eine der weltweit bedeutendsten Kollektionen chinesischer Jadebücher, sowie einer Ausstellung über die großen Weltreligionen. Neben einigen frühen Evangelientexten kann man Koranschriften aus dem 9. Jh. einsehen. Im Jahr 2000 wurde die Chester Beatty Library zum irischen Museum des Jahres gewählt, 2002 sogar zum europäischen Museum des Jahres.

Dublin City Gallery The Hugh Lane ➡ D8
Charlemont House
Parnell Sq. North, Dublin 1
Bus 3, 7, 10, 11, 13, 16, 19, 46A, 123
✆ (01) 222 5550
www.hughlane.ie
Di–Do 10–18, Fr/Sa 10–17, So 11–17 Uhr
Eintritt frei
Den Kern des Museums bildet das 1762 von William Chambers entworfene **Charlemont House,** das mit seinen modernen Anbauten eine gelungene Mischung als Alt und Neu darstellt. Das Museum stellt irische Kunst des 20. Jh. sowie eine Sammlung französischer Impressionisten aus – darunter Degas, Monet, Manet und Renoir. Eine weitere Dauerausstellung widmet sich dem Schaffen von **Francis Bacon** (1909–92), dessen chaotisches Atelier originalgetreu rekonstruiert wurde.

Dublinia ➡ aB3
St. Michael's Hill, Dublin 8
Bus 49, 49A, 54A, 121, 123, 150
✆ (01) 679 4611
www.dublinia.ie
Tägl. März–Sept. 10–17, Okt.–Feb. 10–16.30 Uhr
Eintritt € 7,50/6,50/5
Diese Ausstellung ist das Richtige für all jene, die mehr über die Wikinger und die Mittelaltergeschichte der Stadt erfahren wollen – und zwar auf

unterhaltsame Weise und ohne den lehrerhaft erhobenen Zeigefinger. Der Besucher bekommt wenige Originale zu sehen. Aber er darf in der Hands-on-Ausstellung alles anfassen, an vielen Stellen sogar mitmachen – und kann so eine spannende Reise in eine längst vergangene Zeit antreten.

6 Dublin Writers Museum ➡ D8
18 Parnell Sq., Dublin 1
Bus 10, 11, 11A, 11B, 13, 13A, 16, 16A, 19, 19A
✆ (01) 872 2077
www.writersmuseum.com
Mo–Sa 10–17, So 11–17 Uhr, letzter Einlass 16.15 Uhr
Eintritt € 7,50/6,30/4,70
Immerhin besitzt das kleine Irland vier Literaturnobelpreisträger. In der georgianischen Villa am Parnell Square wird seit 1991 das literarische Schaffen von Swift, Sheridan, Shaw, Wilde, Yeats, Joyce, Beckett und anderen irischen Schriftstellern anhand von Erinnerungsstücken gewürdigt. Im Obergeschoss der Villa sind Portraits von ihnen zu besichtigen.

Aus der georgianischen Epoche: das Dublin Writers Museum

Dublin Culture Night 2008: das Irish Museum of Modern Art

Irish Jewish Museum ➡ H7
3 Walworth Rd., Dublin 8
Bus 16, 16A, 19, 19A, 22, 22A, 155 bis Victoria St., South Circular Rd., Bus 14, 14A, 15, 15A, 15B, 15C, 65, 65B, 83 bis Lennox St., South Richmond St.
✆ (085) 706 7357
www.jewishmuseum.ie
Mai–Sept. So–Do 11–15.30, Okt. Mo–Mi 11–15, So 10.30–14.30, Nov.–April So 11–15 Uhr
Eintritt frei, Spende erbeten
Kleines Museum über die Geschichte der kleinen irisch-jüdischen Gemeinde. 1995 vom damaligen israelischen Präsidenten Chaim Herzog eröffnet, dessen Leben ein Teil der Ausstellung gewidmet ist. Ein Blick lohnt sich auch auf das Nachbarhaus, denn dort wurde der Schauspieler **Barry Fitzgerald** (1888–1961) geboren, der 1945 den Oscar für seine Rolle als Father Fitzgibbon im Film »Der Weg zum Glück« erhielt.

Irish Museum of Modern Art
➡ F4
Military Rd., Kilmainham, Dublin 8
Bus 26, 51, 51B, 78A, 79, 90, 123
✆ (01) 612 9900, www.imma.ie
Di–Sa 10–17.30, Mi ab 10.30, So 12–17.30 Uhr, Eintritt frei
Das Museum ist in einem sehenswerten Krankenhausgebäude aus dem 17. Jh. untergebracht und ist Irlands beste und umfangreichste Sammlung moderner Kunst, die in wechselnden Ausstellungen präsentiert wird.

James Joyce Centre ➡ D8
35 North Great George's St.
Dublin 1
Bus 3, 10, 11, 11A, 13, 16A, 19, 19A, 22, 22A
✆ (01) 878 8547
www.jamesjoyce.ie
Mo–Sa 10–17, So 12–17 Uhr, Okt.–März Mo. geschl., Eintritt € 5/4/frei
In einem alten Herrschaftshaus von 1784 ist seit 1996 das James Joyce Centre beheimatet. Es wird von Nachfahren der Schwester des Schriftstellers geleitet und befasst sich mit unterschiedlichen Aspekten aus Joyce's Werk. Im Videozimmer werden Filme über das Leben des Schriftstellers gezeigt. Wie im Joyce Museum in Sandycove ist auch hier eine **Totenmaske von Joyce** ausgestellt.

James Joyce Museum ➡ cC3
James Joyce Tower
Sandycove, County Dublin (Co. Dublin), Bus 59 von Dun Laoghaire oder DART bis Sandycove
✆ (01) 280 9265
www.dun-laoghaire.com

Die James-Joyce-Statue in der O'Connell Street

April–Aug. Di–Sa 10–13 und 14–17, So 14–18 Uhr, Eintritt € 6/5/4
In dem kleinen Museum, das in einem alten Befestigungsturm untergebracht ist, ist vor allem die **Totenmaske des Schriftstellers** sehenswert. Im ersten Stock kann man den Raum besichtigen, in dem Joyce selbst einmal sechs Tage lang übernachtet hat – und der im Eröffnungskapitel seines Romans »Ulysses« ausführlich beschrieben wird.

5 National Gallery of Ireland
➡ aC6
Merrion Sq. West & Clare St.
Dublin 2
Bus 4, 5, 7, 7A, 8, 13/A, 39/A, 44, 45, 46A, 48A, LUAS bis St. Stephen's Green
✆ (01) 661 5133
www.nationalgallery.ie
Mo–Sa 9.30–17.30, Do bis 20.30, So 12–17.30 Uhr, Eintritt frei
Die 1864 eröffnete Nationalgalerie zeigt auf drei Stockwerken eine beeindruckende Sammlung irischer und europäischer Meisterwerke vom Mittelalter bis zum 20. Jh. Angefangen hat es relativ bescheiden mit etwas mehr als 100 Kunstwerken in dem von Francis Fowke (1823–65) entworfenen, sogenannten Dargan-Flügel. Doch in den Folgejahren musste die Ausstellungsfläche immer wieder vergrößert werden. 1903 wurde der Milton-Flügel, 1968 der Beit-Flügel und 2002 der Millennium-Flügel hinzugefügt.

Die Mischung aus viktorianischen und modernen Sälen ist durchaus gelungen. Werke der irischen Schule wetteifern mit Caravaggio, Vermeer, Rembrandt, Monet und Picasso um die Gunst der Besucher. Für dieses Museum sollte man mindestens einen halben Tag reservieren.

National Museum of Archaeology and History ➡ aC5/6
Kildare St., Dublin 2
Bus 7, 7A, 10, 11, 13, LUAS bis St. Stephen's Green
✆ (01) 677 7444, www.museum.ie
Di–Sa 10–17, So 14–17 Uhr
Eintritt frei
Das in einem viktorianischen Prachtbau von Thomas Deane untergebrachte Museum wurde 1890 eröffnet und zeigt irische Kunst von den Anfängen vor 9000 Jahren bis in die Gegenwart. Durch die von Säulen getragene und von einer Kuppel gekrönte

Meisterwerke in der National Gallery of Ireland: Goyas »Porträt der Antonia Zárate« (um 1805) und …

… Gabriel Metsus »Die Briefleserin« (1662–65)

Eingangshalle betritt man die zentrale Emporenhalle. Hier sind neben steinzeitlichen Objekten kunstvolle Goldgegenstände aus der Bronzezeit zu sehen.

In der Schatzkammer sind Funde aus dem sogenannten Goldenen Zeitalter ab dem 5. Jh. zu bewundern, unter anderem der **Ardagh-Kelch.** Ferner gibt es im 1. Stock Ausstellungen über die Zeit der Wikinger, über Irland im Mittelalter, Irlands Kampf um Unabhängigkeit zwischen 1916 und 1922 sowie eine Einführung in die Geschichte des alten Ägyptens.

National Museum of Decorative Arts and History ➡ aA1
Collins Barracks
Benburb St., Dublin 7
Bus 90 bis Aston Quay, 25, 25A, 66, 67 bis Wellington Quay, LUAS bis Museum
✆ (01) 677 7444
www.museum.ie
Di–Sa 10–17, So 14–17 Uhr
Eintritt frei
Einst waren die Anfang des 18. Jh. erbauten **Collin Barracks** die größte Kaserne Europas. Heute nutzt das National Museum of Decorative Arts and History einen Teil des riesigen Gebäudekomplexes. Die thematische Vielfalt der ausgestellten Objekte ist beeindruckend und reicht von Möbeln, Glas- und Silberwaren über Kleidung und Schmuck bis zu wissenschaftlichen Instrumenten, Musikinstrumenten und geologischen Exponaten.

Neu ist die Ausstellung **»Soldiers and Chiefs«**, die Irlands militärische Geschichte der letzten 500 Jahre ausführlich beleuchtet.

National Museum of Natural History ➡ aC6
Merrion St., Dublin 2
Bus 7, 7A, 8 (O'Connell St.), DART bis Pearse Station
✆ (01) 677 7444, www.museum.ie
Di–Sa 10–17, So 14–17 Uhr
Eintritt frei
1857 eröffnet – und seitdem fast unverändert – ist das Naturkundemuseum ein faszinierendes Relikt der viktorianischen Zeit. Rund 10 000 tote Tiere aus Irland und aller Welt sind hier zu sehen, ausgestopft und die meisten fein säuberlich in Vitrinen mehr oder minder staubfrei aufbewahrt. Schon am Eingang wird man von drei Skeletten der vor rund 10 000 Jahren auf Howth beheimateten, riesigen Hirsche begrüßt.

National Photographic Archive ➡ aB4
Meeting House Sq./Temple Bar
Dublin 2
Bus 77, 77A, 56 A, 49, 123
✆ (01) 603 0200
www.nli.ie
Mo–Sa 10–17, So 12–15 Uhr
Eintritt frei
Obwohl räumlich von ihr getrennt, ist das National Photographic Archive Teil der Nationalbibliothek. Für Touristen interessant sind die wechselnden Fotoausstellungen aus den umfangreichen Beständen des Archivs.

Number Twenty Nine – Georgian House Museum ➡ aD7
Fitzwilliam St. Lower
Dublin 2
Bus 7, 39A, 45
✆ (01) 702 6165
www.esbie/no29
Di–Sa 10–17, So 12–17 Uhr
Eintritt € 6/3/frei
Nachdem man an Dutzenden der typischen georgianischen Häuser vorbeigelaufen ist, sollte man mindestens einmal einen Blick in eine der für Dublin typischen Wohnungen werfen. Das vierstöckige Haus vom Ende des 18. Jh. ist wieder original eingerichtet worden und bietet einen guten Einblick in das Leben des damaligen wohlhabenden Bürgertums, das sich recht beschaulich zwischen Baldachinbetten und Delfter Porzellan abspielte.

Gedenktafel für George Bernard Shaw im Saint Patrick's Park

The Shaw Birthplace ➡ aE4
33 Synge St., Dublin 8
Bus 16, 16A, 19, 19A, 122, LUAS Green-Line bis Adelaide Rd. oder Grand Canal
✆ (01) 475 0854
www.visitdublin.com
Öffnungszeiten sind zu erfragen unter: ✆ (01) 872 20 77
Eintritt € 6/5/4
1838 wurde das kleine Reihenhaus erbaut, in das die Familie von George Bernard Shaw 1852 einzog und in dem der spätere Nobelpreisträger 1856 geboren wurde.

Beim Gang durch das Haus erfährt man nicht nur einiges über die Kindheit des Schriftstellers, sondern auch über die Bedingungen, unter denen eine Mittelstandfamilie im Irland des 19. Jh. lebte. Im Eintrittspreis ist eine Audio-Tour inbegriffen.

Kirchen

1 Christ Church Cathedral
➡ aB3
Christ Church Place, Dublin 8
Bus 49, 50, 51B, 54A, 56A, 65, 77, 77A, 78A, 123
✆ (01) 677 8099, www.cccdub.ie
Mo–Sa 9.30–18, Juni–Aug. bis 19, Nov.–März nur bis 17, So 12.30–14.30, Juni–Aug. auch 16.30–18 Uhr, letzter Einlass jeweils 45 Minuten vorher, Eintritt € 6/4/3
Die Kathedrale wurde zwischen 1172 und 1240 unter dem später heilig gesprochenen Erzbischof Laurence O'Toole erbaut. 1562 stürzten dann große Teile der Kirchensüdwand ein. Die Reparaturarbeiten dauerten bis in die siebziger Jahre des 19. Jh. Im Inneren sehenswert ist u.a. der **Sarkophag des normannischen Eroberers Strongbow.** Allerdings handelt es sich nicht um das Original, denn das wurde beim Einsturz der Kirche zerstört. In der Friedenskappelle des heiligen Laud ist eine Reliquie aufbewahrt, die angeblich ein Stück **Herz des Bischofs Laurence** enthält. Beachtenswert ist die **Krypta**, in der u.a. der Domschatz aufbewahrt ist.

Die Christ Church Cathedral ist die ältere der beiden im Mittelalter errichteten Kathedralen in Dublin

St. Audoen's Church ➡ aB2
Cornmarket/High St., Dublin 8
Bus 49, 50, 51B, 54A, 56A, 65, 77, 77A, 78A, 123
✆ (01) 677 0088
www.heritageireland.ie
Ende April–Okt. 9.30–17.30 Uhr
Eintritt frei
Die Kirche aus dem 13. Jh. ist dem normannischen Bischof Quen geweiht. Eine kleine Ausstellung erinnert an sein Leben. Im Glockenturm hängen die ältesten Glocken Irlands von 1423. Vielleicht wichtiger aber ist der *lucky stone:* Ihn zu berühren bringt angeblich Glück im Geschäftsleben.

St. Mary's Pro-Cathedral ➡ D8
83 Marlborough St., Dublin 1
Bus: alle Busse zum Stadtzentrum bis zum Umsteigeplatz O'Connell St., DART bis Connolly oder Tara St., LUAS bis Abbey St.
✆ (01) 874 5441
www.procathedral.ie
Mo–Fr 7.30–18.45, Sa 7.30–19.15, So 9–13.45 und 17.30–19.45 Uhr
Eintritt frei
Die 1815–25 errichtete Kirche ist die einzige katholische Kathedrale Dublins. Zu dieser Zeit hatte die katholische Kirche noch keinen festen Stand in der Stadt, deshalb wurde der Bau verschämt in einer Nebenstraße versteckt. Das »Pro« steht für provisorisch, doch die fünfschiffige Säulenkirche, die an einen Athener Tempel erinnert, hat bis heute überdauert und wird von den Gläubigen viel genutzt.

Hauptattraktion in St. Patrick's Cathedral ist das Grabmal von Jonathan Swift (Portrait von Thomas Pooley)

St. Michan's Church ➡ E6/7
Church St., Dublin 7
Bus 25, 25A, 67, 67A, 68, 69, 79, 90, LUAS bis Smithfield
✆ (01) 872 4154
www.stmichans.com
März–Okt. Mo–Fr 10–12.45 und 14–16.45, Nov.–Feb. Mo–Fr 12.30–14.30, Sa ganzjährig 10–13 Uhr
Eintritt € 3,50/3/2,50 für die geführte Tour, sonst frei
Die erste St. Michan's Church wurde 1095 errichtet, von ihr sind allerdings nur noch Reste erhalten. Die heutige Kirche stammt aus dem Jahr 1686. Ihre **Orgel** ist eine der ältesten des Landes, auf ihr soll Georg Friedrich Händel den »Messias« gespielt haben. Doch die meisten Besucher zieht es hierher, um einen Blick in die **Gruft** der Kirche zu werfen. Über eine enge Steintreppe gelangt man in einen Tunnel mit Särgen. Einige von ihnen sind offen, sodass man die mumifizierten Toten sehen kann. Man geht davon aus, dass die extrem trockene Luft in der Krypta für die Mumifizierung verantwortlich ist.

❸ **St. Patrick's Cathedral** ➡ aC3
St. Patrick's Close, Dublin 8
Bus 49, 49A, 49B, 50, 54A, 56A, 65, 65B, 77, 77A
✆ (01) 453 9472
www.stpatrickscathedral.ie
Mo–Fr 9–17, März–Okt. Sa bis 18, So 9–10.30 und 12.30–14.30, März–Okt. auch 16.30–18 Uhr
Eintritt € 5,50/4,50/frei
1191 wurde für den Bau der St. Patrick's Cathedral der Grundstein gelegt – und die Kathedrale im 13. Jh. im gotischen Stil umgebaut. In der Kirche befinden sich Grabmäler bzw. Gedenktafeln,

die an einige bekannte Iren erinnern. Allen voran an den Schriftsteller und Satiriker Jonathan Swift (1667–1745), der von 1713 bis 1742 Dekan in St. Patrick's war. Auch die beiden irischen Präsidenten Douglas Hyde (1860–1949) und Erskine Childers (1905–74) liegen hier begraben.

Der **Chor der Kirche** ist landesweit bekannt und blickt auf eine lange Tradition zurück. 1742 hat er – gemeinsam mit dem Chor der Christ Church Cathedral – die Welturaufführung von Händels »Messias« gesungen. So um 11 Uhr wird eine gesungene lateinische Messe abgehalten.

Parks und Gärten

Dublin Zoo ➡ bB4
Phoenix Park, Dublin 8
Bus 25, 25A, 26, 46A, 66, 66A, 66B, 67, 67A, 68, 69, LUAS bis Heuston Station
✆ (01) 474 8900
www.dublinzoo.ie
Tägl. Feb. 9.30–17, März–Sept. 9.30–18, Okt. 9.30–17.30, Nov.–Jan. 9.30–16 Uhr
Eintritt € 15,50/12,50/11
1831 gegründet und damit einer der ältesten Tierparks in Europa. Besonders sehenswert sind die Raubtier- und Primatenabteilung.

Garden of Remembrance ➡ D8
Parnell Sq. East, Dublin 1
✆ (01) 821 3021
Bus 10, 11, 11B, 13, 13A, 16, 16A, 19, 19A
April–Sept. 8.30–18, Okt.–März 9.30–16 Uhr
Eintritt frei
Dieser kleine Park ist eine stille Oase inmitten des Verkehrs am Parnell Square und erinnert an alle irischen Freiheitskämpfer, die im Kampf ihr Leben verloren haben. Neben Bänken und Wasserbecken steht in dem 1966 angelegten Park die monumentale **Skulptur »Children of Lir«** von Oisin Kelly, die an die Legende von König Lir erinnert, dessen Kinder in Schwäne verwandelt wurden.

Iveagh Gardens ➡ aD/E4/5
Clonmel St., Dublin 2
Bus 10, 11, 13, 13A, 14, 14A, 15, 15A, 15B, 44, 46A, 47A, 47B, 48A, 86
✆ (01) 475 7816
Mo–Sa ab 8, So ab 10, im Sommer bis 18, im Winter bis 15.30/16 Uhr
Eintritt frei
Die hinter hohen Mauern versteckten Iveagh Gardens wurden 1863 angelegt und sind bis heute ein stilles, verborgenes Kleinod inmitten der Stadt. Rasenflächen, Brunnen, Grotten, Statuen, Rosengarten, Labyrinth und sogar ein Wasserfall laden zum Verweilen ein.

Merrion Square Park ➡ aC6/7
Merrion Sq., Dublin 2
Bus u. a. 7, 10, 45
Tägl. von Sonnenauf- bis Sonnenuntergang
Merrion Square ist einer der größten und schönsten Plätze Dublins, an drei Seiten von den typischen georgianischen Häusern umgeben. In diesen wohnten einst einige der großen Literaten der Stadt wie Oscar Wilde in der Nr. 1. So findet man im Innern der umzäumten und gepflegten Grünanlage dann auch den Dandy, wie er auf einem großen Stein lümmelt und spöttisch auf Besucher herabschaut. An Wochenenden nutzen die Künstler der Stadt die Zäune des Parks als Freiluftgalerie.

Phoenix Park
Vgl. S. 70 f.

St. Stephen's Green ➡ aC/D4/5
St. Stephen's Green, Dublin 2
✆ (01) 475 7816
Bus 10, 11, 13, 13A, 14, 14A, 15, 15A, 15B, 44, 46A, 47A, 47B, 48 A, 86, LUAS bis St. Stephen's Green

Dublins ältester Park: St. Stephen's Green

Mo–Sa ab 7.30, So ab 9.30 Uhr, jeweils bis zum Sonnenuntergang
Eintritt frei
Dublins ältesten Park verdankt die Stadt einem Spross der berühmten Bierbrauerdynastie. Sir Arthur Guinness machte ihn 1880 der Öffentlichkeit zugänglich. Die Dubliner sind ihm noch heute dankbar und tummeln sich in der grünen Oase. Alles ist akkurat gepflegt – der Ententeich mit Pavillon, Blumenbeete und die Rasenflächen. Versteckt zwischen den Bäumen gibt es eine Reihe Denkmäler wie das von Henry Moore für William Butler Yeats. Sehenswert ist auch der Eingang an der Verlängerung der Grafton Street mit dem Ende des 19. Jh. errichteten **Fusilier's Arch**.

Architektur und andere Sehenswürdigkeiten

Áras an Uachtaráin/ Residenz des Staatspräsidenten
➡ bB3
Phoenix Park, Dublin 8
Bus 10, 37, 38, 39, 70, LUAS bis Heuston Station
✆ (01) 677 0095
www.president.ie
Geführte Touren nur Sa, im Sommer 10.15–16, im Winter 10.30–15.30 Uhr
Kostenlose Tickets werden am Phoenix Park Visitor Centre ausgegeben, das etwa 500 m von der Residenz entfernt liegt. Von dort werden die Besucher zum Präsidentenpalast gefahren.

Der Palast des irischen Präsidenten, der gegenwärtig mit Mary McAleese (geb. 1951) zum zweiten Mal in seiner Geschichte von einer Frau bewohnt wird, wurde 1751 als Wohnung des königlichen Parkbeauftragten erbaut. Damals war der Phoenix

Áras an Uachtaráin – die Residenz des irischen Staatspräsidenten im Phoenix Park

Drachen steigen lassen im Park von Ardgillan Castle

Park, in dem sich das Gebäude befindet, Jagdgebiet des Königs von England. Es war nicht leicht, den König zufriedenzustellen und dafür zu sorgen, dass er sich bei seinen Besuchen wohlfühlte – und ausreichend Jagdwild vorfand. Deswegen wurde auch ein Parlamentsabgeordneter mit der Aufgabe betraut, das Jagdrevier zu verwalten. Nathaniel Clemens war nicht nur Politiker, sondern auch ein leidenschaftlicher Hobbyarchitekt – und offenbar gar kein so schlechter, denn er entwarf sein Haus selbst. Als nach seinem Tod 1782 die Vertreter des englischen Königs hier ihren Amtssitz nahmen, musste das Haus aber dann doch ausgebaut und luxuriöser gestaltet werden.

Nach der Gründung des Irischen Freistaats im Jahr 1922 – dem Vorläufer der heutigen Republik Irland – wurde die Position des Vizekönigs abgeschafft. Doch noch bis 1937 nutzten Vertreter der englischen Krone den Palast – so residierte der Governor-General hier. Anfänglich war Áras an Uachtaráin als Wohnort für das Staatsoberhaupt umstritten, denn die Gegner verbanden es mit der englischen Vorherrschaft. Doch aus praktischen Gründen – auf die Schnelle war keine geeignete Alternative zu finden – entschied man sich dann schließlich für das Gebäude. Allerdings unter der Voraussetzung, dass es zum großen Teil zerstört und neu aufgebaut werden sollte.

Erweitert wurde das Gebäude damals in der Tat, nicht jedoch zerstört. Heute ist die Anlage sowohl der **Wohnort des Präsidenten** als auch Ort offizieller Empfänge. So fanden hier schon einige EU-Gipfel statt. Seit Mary McAleese 1997 das Präsidentenamt inne hat, sind aber nicht nur Staatsgäste willkommen.

Ardgillan Castle ➜ cA2
Balbriggan, Dublin Co.
Bus 33
✆ (01) 890 53 34
www.ardgillanskerries.com
Tour tägl. 11.30 Uhr oder nach Vereinbarung
Eintritt € 6,50/5
Ardgillan Castle liegt ein gutes Stück über dem Meer zwischen Balbriggan und Skerries. Der weitläufige Park besteht aus Weiden, Wäldern und Gärten und bietet schöne Ausblicke auf die Bucht von Drogheda. Das 1738 errichtete Castle ist im georgianischen/viktorianischen Stil eingerichtet.

Die City Hall erinnert an die Eleganz und den Reichtum Dublins zur Blütezeit im 18. Jahrhundert

Das Obergeschoss wird für wechselnde Ausstellungen genutzt.

Bank of Ireland ➡ aB5
2 College Green, Dublin 2
Bus: Fast alle City-Busse passieren College Green, ✆ (01) 677 6801
www.bankofireland.com
Mo–Fr 10–16, Do–17 Uhr
Das stattliche, von Edward Lovett Pearce geplante Gebäude am College Green wurde 1739 fertiggestellt und diente bis zum Jahr 1801 als Parlamentsgebäude. Heute nutzt es die Bank of Ireland als repräsentatives Hauptquartier. Im Innern ist noch viel von der ursprünglichen Ausstattung zu sehen, wie die Schalterhalle mit sehenswerter Kassettendecke, Wandteppiche mit Motiven der Schlacht von Boyne und ein riesiger Kristallkronleuchter.

The Casino Marino ➡ cB2
Marino, off Malahide Rd., Dublin 3
Bus 14, 27, 27A, 27B, 42, 43, 128 (ab Connolly Station), DART bis Clontarf Rd., ✆ (01) 833 1618
www.heritageireland.ie
Ende April–Okt. tägl. 10–17 Uhr
Eintritt € 3/2/1
Das Casino ist ein schönes Beispiel neoklassizistischer Baukunst des 18. Jh. Sir William Chambers hat es für James Caulfield, den ersten Earl von Charlemont, entworfen. Das **Lustschlösschen** besitzt 16 teils schön eingerichtete Zimmer und Fußböden mit Einlegearbeiten.

Chimney Viewing Tower ➡ aA2
Smithfield Village, Dublin 7
Bus 25, 25A, 67, 67A, 68, 69, 79, 90, LUAS bis Smithfield
✆ (01) 817 3838
2013 Wiedereröffnung nach Sanierungsarbeiten

Der ehemalige Schornstein der Old Jameson Distillery wurde zum Aussichtspunkt umfunktioniert. Ein gläserner Fahrstuhl bringt Besucher 60 m hinauf und ermöglicht einen Rundumblick über die Neubauten in Smithfield.

City Hall ➡ aB3/4
Exchange Court/Dame St.
Dublin 2
Bus 77, 77A, 56A, 49, 123
✆ (01) 222 2204
Mo–Sa 10–17.15 Uhr
Eintritt € 4/2/1,50
Die City Hall wurde zwischen 1769 und 1779 als Königliche Börse erbaut. Sie ist ein herausragendes Beispiel für die georgianische Architektur der damaligen Zeit. Architekt war Thomas Cooley, der sich mit seinem Bauplan in einem Wettbewerb gegen weitaus berühmtere Kollegen durchsetzte. Besonders sehenswert ist die von zwölf Säulen getragene Kuppeldecke, die die Eingangshalle krönt. Seine Funktion als Börse verlor der Bau Mitte des 19. Jh. Damals lag die Wirtschaft in Irland am Boden und es gab kaum noch funktionierende Firmen, die Aktien ausgeben konnten. In dieser Zeit kaufte die Stadt das Gebäude auf, und nach 1852 war hier das Rathaus untergebracht.

Obwohl das Gebäude heute immer noch den Namen City Hall – Rathaus – trägt, werden die Amtsgeschäfte seit einigen Jahren von einem funktionellen Neubau am Wood Quay aus geführt.

Trotz der umfassenden Renovierung im Jahr 2000 hat sich die City Hall bis heute zu keinem Touristenmagneten entwickelt. Auch deshalb wird sie bescheiden als das »bestgehütete Geheimnis Dublins« vermarktet. Das mangelnde Interesse der Touristen ist eigentlich unverständlich. Die großartige Rotunde und die Ausstellung zur Geschichte Dublins im Kellergewölbe sind einen Besuch wert. Für die Iren hat das Gebäude zudem große Bedeutung in ihrem Kampf um die nationale Unabhängigkeit: 1922 war in der City Hall das Hauptquartier der provisorischen Regierung Irlands untergebracht.

Custom House ➡ aA6
Custom House Quay, Dublin 1
Alle Busse zur Central Busstation, DART bis Tara St.
✆ (01) 888 2538
Mo–Fr 10–12.30, Sa/So 14–17 Uhr, Nov.–Feb. So, Mo, Di geschl.

Custom House, das frühere Zollgebäude, zählt zu den bedeutendsten Sehenswürdigkeiten in Dublin

Seit der Fertigstellung des von James Gandon geplanten Custom House im Jahr 1791 gehört das **Zollamt** zu den wichtigsten Sehenswürdigkeiten der Stadt. In schöner Lage in Hafennähe und direkt am Ufer des Liffey kommt die 130 m lange, klassische Fassade mit Säulen, Arkaden, Figurenschmuck und der zentralen Kuppel gut zur Geltung. Während des Bürgerkriegs brannte das Innere des Custom House vollständig aus. Das Feuer wütete fünf Tage lang und brachte sogar die Kuppel zum Schmelzen. Das Zollamt wurde aber relativ schnell wieder aufgebaut und in den 1980er-Jahren nochmals saniert.

Dalkey Castle ➡ cC3
Castle St., Dalkey, Co. Dublin
DART bis Dalkey
✆ (01) 285 8366
www.dalkeycastle.com
Nach Sanierung neue Öffnungszeiten ab Feb. 2013
Eintritt € 6/5/4
Im Mittelalter war Dalkey der Hafen von Dublin. Um die strategisch wichtige Stadt gegen Angriffe verteidigen zu können, wurden damals sieben Verteidigungstürme errichtet. Einer davon – Dalkey Castle – ist heute noch erhalten. Beachtenswert in seinem Inneren sind u. a. die maßstabsgetreuen Modelle. Sie zeigen, wie Dalkey im Mittelalter ausgesehen hat. Für Joyce Fans wichtig: Dalkey Castle spielt eine wichtige Rolle im zweiten Kapitel des Romans »Ulysses«.

Dublin Castle ➡ aB3
Dame St.
Dublin 2
Bus 54 bis Burgh Quay, 50, 50A, 56A, 77, 77A, 77B bis Aston Quay
✆ (01) 645 8813
www.heritageireland.ie/en/Dublin/DublinCastle/
Mo–Sa 10–16.45, So 12–16.45 Uhr
Eintritt € 4,50/3,50/2
Dublin Castle wurde Anfang des 13. Jh. von den Engländern als Festung gegen die rebellischen Iren gebaut. Die Engländer waren aber nicht die ersten, die hier am höchsten Punkt der Stadt eine Burg errichteten. Vorher standen an selber Stelle bereits Befestigungsanlagen der Wikinger und Normannen.

Sein jetziges Aussehen erhielt Dublin Castle während eines Umbaus im 18. Jh. In den **State Apartments** wird heute der irische Präsident in sein Amt eingeführt, hier werden auch Staatsgäste empfangen und nationale und internationale Konferenzen abgehalten. Im Vergleich zu den Schlössern Mitteleuropas ist Dublin Castle zwar klein und bescheiden ausgestattet, ein Besuch, der nur im Rahmen einer Führung möglich ist, lohnt als Einführung

Das wichtigste Gericht Irlands: das Four Courts am Nordufer der Liffey

in die Geschichte des Landes aber allemal.

Four Courts ➡ aB2/3
Inns Quay, Dublin 1
LUAS und DART Four Courts
✆ (01) 872 5555
Mo–Fr 11–13 und 14–16 Uhr
Die große Kuppel der »Vier Gerichtshöfe« beherrscht das Nordufer der Liffey westlich des Zentrums. Das nach Plänen von James Gandon errichtete **Justizgebäude** mit seiner über 100 m langen Front, dem korinthischen Säuleneingang und dem Skulpturenschmuck wurde im Jahr 1802 fertiggestellt. Während des Bürgerkriegs wurde es 1922 stark beschädigt, aber originalgetreu wieder aufgebaut. Innenbesichtigungen sind nur nach telefonischer Anmeldung möglich.

General Post Office ➡ aA4
O'Connell St., Dublin 1
Alle Busse Richtung Zentrum
✆ (01) 705 7000
www.anpost.ie
Mo–Fr 9–17.30 Uhr, Eintritt frei
Hinter der imposanten Tempelfront mit dem Säuleneingang verbirgt sich das **Hauptpostamt** von Dublin. Das 1814 von Francis Johnston errichtete Gebäude ist für die Iren aber viel mehr als nur ein Postamt, denn es war auch einer der wichtigsten Schauplätze des Unabhängigkeitskampfes. Am Ostermontag 1916 besetzten irische Freiwillige das Gebäude und trotzten sechs Tage der britischen Armee. Am Ende war der Kampf, das sogenannte Easter Rising, dann aber doch verloren; das Gebäude brannte aus und die späteren Nationalhelden wurden als Rädelsführer im Gefängnis von Kilmainham hingerichtet.

2 Guinness Storehouse ➡ F5
St. James's Gate, Dublin 8
Bus 51B, 78A, 123, LUAS bis St. James's Hospital

Kilmainham Gaol, Schauplatz des irischen Unabhängigkeitskampfes

✆ (01) 408 4800
www.guinness-storehouse.com
Juli/Aug. 9.30–19, sonst bis 17 Uhr
Eintritt € 16/13/6,50 (Ermäßigung bei Buchung über das Internet)
In einem Multimediaspektakel bekommt man vom Guinness-Unternehmen erklärt, wie das dunkelbraune Bier hergestellt wird – und damit manchmal auf eine etwas zu laute, zu bunte und zu unübersichtliche Weise. Trotzdem lohnt sich der Besuch – und sei es nur wegen des faszinierenden Ausblicks, den man von der **Gravity Bar** aus im 7. Stock hat. Hier kann man am Ende des Rundgangs gemütlich ein Glas Guinness trinken (im Eintrittspreis inbegriffen) und die Aussicht über die irische Hauptstadt genießen.

Kilmainham Gaol ➡ F3
Inchicore Rd., Kilmainham
Dublin 8
Bus 13, 40, 69, 79
✆ (01) 453 5984
www.heritageireland.ie
April–Sept. tägl. 9.30–18, Okt.–März Mo–Sa 9.30–17.30, So 10–18 Uhr, letzter Einlass jeweils eine Stunde vorher
Eintritt € 6/4/2

Märchenschloss am Meer: Malahide Castle nordöstlich von Dublin

Hier bekommen Besucher beklemmende Gefängnis-Atmosphäre und einen Überblick über Irlands fehlgeschlagene Befreiungskämpfe geboten. In Kilmainham haben von der Eröffnung im Jahr 1796 bis zur Schließung 1924 unzählige Freiheitskämpfer, Patrioten und Rebellen eingesessen und ihr Leben verloren.

Leinster House ➡ aC5/6
Kildare St., Dublin 2
Bus 7, 7A, 8, 10, 11, 13
✆ (01) 618 3000
Der spätere Herzog von Leinster ließ sich das stattliche georgianische Gebäude 1745 von Richard Castle errichten. Der irische Architekt des Weißen Hauses in Washington D. C., James Hoban, ließ sich später vom Leinster House inspirieren. Heute nutzen die beiden Kammern des irischen **Parlaments**, Dáil Eireann und Seanad Eireann, das Leinster House. Besichtigungen sind nur nach Voranmeldung in der sitzungsfreien Zeit möglich.

Malahide Castle ➡ cA3
Malahide, Dublin Co.
Bus 42, DART bis Malahide
✆ (01) 846 2184
www.malahidecastleandgardens.ie
Tägl. 10–17, Okt.–März So erst ab 11 Uhr, letzter Einlass jeweils 30 Min. vorher
Eintritt € 12/8/6
Malahide ist ein nettes Städtchen am Meer, das sich für einen Tagesausflug anbietet. Das Castle, das sich in einem bunten Stilmix zeigt, wurde fast 800 Jahre lang, von 1185 bis 1976, durchgehend von der Familie Talbot bewohnt. Das Schloss besitzt im Eichensaal sehenswerte Täfelungen aus dem 16. Jh. und in der Großen Halle eine **Portraitsammlung** der Familie Talbot.

Marsh's Library ➡ aC/D3
St. Patrick's Close
Dublin 8
Bus 50, 54A, 56
✆ (01) 454 3511
www.marshlibrary.ie
Mo, Mi–Fr 9.30–13 und 14–17, Sa 10–13 Uhr
Eintritt € 2,50/1,50/frei
Die älteste öffentliche Bücherei Irlands, 1710 von Erzbischof Narcissus Marsh (1638–1713) eingerichtet. Sie hat zwei Besonderheiten: Erstens wurden die Räume seit der Eröffnung nicht verändert. Und zweitens hat hier in der ganzen Zeit des Bestehens angeblich noch niemand ein Buch

gestohlen. Kein Wunder: Im Lesesaal wird, wer ein wertvolles Buch lesen will, zusammen mit seiner Lektüre hinter einem Drahtgitter eingeschlossen.

Molly Malone ➡ aB5
Grafton St., Dublin 1
Bus: Fast alle City-Busse passieren die Grafton St.
An der Ecke Grafton Street zur Suffolk Street steht das Denkmal von Molly Malone, der wahrscheinlich bekanntesten Dublinerin. Respektlos, aber liebevoll nennen die Dubliner sie *the tart with the cart* – das Flittchen mit dem Karren. Offiziell war sie eine Fischhändlerin, die im vom Armut gebeutelten Dublin des 17. Jh. lebte. Doch der tiefe Ausschnitt ihres Kleides legt nahe, dass sie nicht nur Muscheln verkauft hat, bevor sie die Cholera dahinraffte. Ob sie wirklich gelebt hat, ist nicht belegt, trotzdem ist sie durch das irische Volkslied, »Cockles and Mussels« (Herzmuscheln und Miesmuscheln), das man zu später Stunde in so manchem Pub hört, berühmt geworden.

Newbridge House & Farm
➡ cA2
Donabate, Dublin County
Bus 33B, mit dem Zug von Connolly oder Pearse Street Stations zur Donabate Train Station
✆ (01) 843 6534
www.newbridgehouseandfarm.com
April–Sept. tägl. 10–17, sonst Di–So 11–16 Uhr
Eintritt Haus € 7/6/4, Farm € 4/3/3
Knapp 20 km nördlich der City lohnt das georgianische **Herrenhaus** aus dem 18. Jh. einen Ausflug. Die Inneneinrichtung ist rund 150 Jahre alt und besteht aus stilreinen Antiquitäten. Das Haus wurde ursprünglich 1740 von James Gibb für den Erzbischof von Dublin gebaut. Familien mit Kindern kommen auf der angeschlossenen traditionellen **Farm**, mit **Streichelzoo** und vielen anderen Tieren, auf ihre Kosten.

7 Old Jameson Distillery ➡ aA2
Bow St., Dublin 7
Dublin Bus Tour (Hop-on-Hop-off-Bus) Stopp 20, LUAS bis Smithfield
✆ (01) 807 2355
www.jamesonwhiskey.com
Mo–Sa 9–18 (letzte Führung 17.15), So 10–18 Uhr, Eintritt Haus € 13/10,60/7,70 (Ermäßigung bei Buchung über das Internet)
In der Jameson Distillery wurde 200 Jahre lang Whiskey, den die Iren *Uisce Beatha* – »Wasser des Lebens« – nennen, hergestellt. Im Besucherzentrum, das in der ehemaligen Fabrik untergebracht ist, erhält man eine multimediale Einführung in die Herstellung des Kultgetränks. Anschließend kann man an einer Verkostung teilnehmen, edlen Whiskey für zu Hause erwerben und an der Bar die Tests fortsetzen.

Prospect Cemetery ➡ A6/7
Finglas Rd., Glasnevin, Dublin 1
Bus 13, 19, 19A, 40, 40A
✆ (01) 830 1133
www.glasnevintrust.ie
Führungen in Museum und Garten tägl. 11.30–14.30, € 12/8, Friedhofsbesuch kostenlos
Seit 1832 wurden auf dem weitläufigen Prospect Cemetery, der auch als **Glasnevin-Friedhof** be-

Michael Collins, Führer des irischen Unabhängigkeitskampfes

kannt ist, ungefähr 1,5 Millionen Personen bestattet. Darunter auch unzählige Prominente aus Politik, Kunst und Literatur, von Daniel O'Connell über Michael Collins bis Brendan Behan. Auf dem Nationalfriedhof kann man eine beeindruckende Reise durch die irische Geschichte unternehmen.

The Spire ➡ aA5
O'Connell St., Dublin 1
Bus: fast alle Busse Richtung Zentrum
Dublins neueste Attraktion steht mitten auf der O'Connell Street, dem Flanierboulevard nördlich der Liffey, und reckt sich kerzengerade 120 m in den Himmel. Am Fuß misst die **Metallnadel** 3 m im Durchmesser, an der Spitze, die nachts beleuchtet wird, nur noch 15 cm. Der siegreiche Entwurf eines Wettbewerbs wurde 2003 verwirklicht und ersetzt die 1966 von der IRA gesprengte Nelson-Säule.

Temple Bar ➡ aB4
Viertel zwischen dem River Liffey, der Parliament St., der Dame St. und der Anglesea St.
Bus: alle Busse ins Stadtzentrum
www.templebar.ie
Zwischen Dame Street und den Quais liegt das **Kneipen- und Ausgehviertel** Dublins. Benannt ist es nach Sir William Temple (1555–1672), der hier einst ein Grundstück besaß. Heute ist Temple Bar das Herzstück der Stadt. Das war nicht immer so: Im Laufe des 19. Jh. verkam die Gegend zusehends. Wer es sich leisten konnte, zog weg. Immer stärker verfielen die Gebäude. Doch genau das erwies sich später als Glück: Das Viertel machte einen so schäbigen Eindruck, dass sogar die Grundstücksspekulanten einen großen Bogen darum machten. In den 1980er-Jahren sollte Temple Bar abgerissen werden und einem Busbahnhof weichen. In dieser Phase wurden die Gebäude zur Zwischennutzung preisgünstig vermietet, wodurch Künstler und kleine Geschäftsleute zurück ins Viertel kamen. Sie waren es auch, die gegen den Abriss der Häuser protestierten – und zwar mit Erfolg: Die irische Regierung rief eine Gesellschaft zum Erhalt des Viertels ins Leben.

Im Laufe der 1990er-Jahre wurde Temple Bar saniert. Heute reihen sich hier fast 200 Restaurants und Kneipen aneinander. In dem nach wie vor bei Künstlern beliebten Stadtteil sind das **National Photographic Archive** am Meeting House Square und die **Tempel Bar Galleries,** 5–9 Temple Bar, besonders sehenswert.

The Spire: Das neueste Wahrzeichen von Dublin steht mitten auf der O'Connell Street

Trinity College ➡ aB5
College St., Dublin 2
Bus: Fast alle City-Busse passieren das Trinity College
✆ (01) 896 2320
www.bookofkells.ie
Mo–Sa 9.30–17, So 12–16.30, Mai–Sept. schon ab 9.30 Uhr
Eintritt € 9/8, unter 12 Jahren frei
Das 1592 von der englischen Königin Elizabeth I. gegründete Trinity College ist die älteste Universität Irlands – und die berühmteste. Hier haben mit Jonathan Swift,

Bram Stoker und Samuel Beckett einige der wichtigsten irischen Schriftsteller studiert. Vom College Green, einer der belebtesten Ecken der Stadt, blickt man auf die stattliche Fassade des Hauptgebäudes. Durch eine kleine Tür gelangt man in den stillen Innenhof der Universität und sieht den 1852 errichteten Campanile, das Wahrzeichen des Campus. Im langen Gebäude zur Rechten befindet sich die **Old Library**.

In einer Schatzkammer im Erdgeschoss wird das rund 1200 Jahre alte 4 **»Book of Kells«** aufbewahrt, das auf 340 prachtvoll illustrierten Seiten die vier Evangelien des Neuen Testaments enthält. Es sind noch weitere kostbare Evangelienhandschriften zu sehen.

Im ersten Stock kommt man in den **Long Room**, eine 65 m lange, einzigartige Bibliothek mit rund 200 000 kostbaren, ledergebundenen Büchern, deren Regale bis unter die Tonnengewölbedecke reichen. Bemerkenswert ist auch die Sammlung von Marmorbüsten berühmter Persönlichkeiten. Außerdem ist im Long Room die **älteste Harfe Irlands** zu sehen, die vermutlich aus dem 15. Jh. stammt. In einem modernen Gebäude auf dem Campus ist die nach Irlands erstem Präsidenten benannte **Douglas Hyde Gallery** untergebracht, die wechselnde Ausstellungen moderner Kunst zeigt (www.douglashydegallery.com, Mo–Fr 11–18, Do bis 19, Sa 11–16.45 Uhr).

Das wertvollste Exponat im Trinity College: das Manuskript des »Book of Kells« aus dem 8. Jahrhundert wird jährlich von 500 000 Besuchern bestaunt

Einen Besuch wert: die Old Library im Trinity College

Übernachten: Hotels und Hostels

Unterkünfte in Dublin sind nicht gerade billig, besonders in Zentrumnähe. Wer zentral und günstig wohnen möchte, dem bleibt praktisch nur ein Hostel. Für ein verlängertes Wochenende in der irischen Hauptstadt ist der Luxus eines zentral gelegenen Hotels fast unverzichtbar. Man spart sich so den zeitraubenden öffentlichen Transport zu den Sehenswürdigkeiten. Um keine unliebsamen Überraschungen zu erleben, sollte man zumindest in der Hauptsaison von Mai bis September ein Zimmer unbedingt im Voraus buchen.

Die angegebenen Preiskategorien gelten für ein Doppelzimmer pro Nacht, falls nichts anders angegeben, mit Frühstück. An Wochenenden gibt es in der Regel günstigere Tarife.

€	– unter 50 Euro
€€	– 50 bis 120 Euro
€€€	– 120 bis 200 Euro
€€€€	– über 200 Euro

The Clarence ➡ aB4
6–8 Wellington Quay, Dublin 2
✆ (01) 407 0800
Fax (01) 407 0820
www.theclarence.ie

Octagon Bar im Hotel The Clarence

Zentral gelegenes Jugendstil-Hotel aus dem Jahr 1852, von dem man einen schönen Blick auf den Liffey genießt. Besitzer der gediegenen Eleganz, die eine gelungene Mischung aus Nostalgie und Moderne bietet, ist Bono von U2. Auch das Restaurant **The Tea Room** genießt bei den Dublinern einen hervorragenden Ruf.
€€€€

The Westbury ➡ aC5
Grafton St., Dublin 2
✆ (01) 679 1122
www.doylecollection.com
5-Sterne-Luxus-Haus mit Tradition und herrlichem Blick von der Terrace Lounge auf das geschäftige Treiben der Innenstadt. Ideal für den 5-Uhr-Tee.
€€€€

Buswells Hotel ➡ aC5
23–27 Molesworth St.
Dublin 2
✆ (01) 614 6500
Fax (01) 676 2090
www.buswells.ie
1882 eröffnet und damit eines der ältesten Hotels Dublins, 2005 komplett saniert, ohne jedoch den Charme des Hauses zu zerstören. Das Hotel verteilt sich auf fünf typische Stadthäuser. Nur wenige Schritte bis zum Trinity College und zur Grafton Street.
€€€

Butlers Town House ➡ G12/H11
44 Lansdowne Rd.
Ballsbridge, Dublin 4

✆ (01) 667 4022
Fax (01) 667 3960
www.butlers-hotel.com
Das elegante Stadthaus versprüht noch den Charme der viktorianischen Zeit. 20 liebevoll und elegant ausgestattete Zimmer stehen zur Verfügung. Hier erfreut jedes Detail, Romantiker können sogar ein Zimmer mit Himmelbett buchen. €€€

Deer Park Hotel ➡ cB3
Howth, Co. Dublin
✆ (01) 832 2624
Fax (01) 839 2405
www.deerpark-hotel.ie
Wer im Grünen wohnen möchte, ist hier richtig. Nur eine halbe Stunde vom Zentrum entfernt. Solider Standard, relativ günstige Preise, mit schönem Blick über Howth und die Irische See. Nach dem Stadtbummel kann man eine Runde Golf spielen oder ins Spa gehen. €€€

Number 31 ➡ aE6
31 Leeson Close
Dublin 2
✆ (01) 676 5011
www.number31.ie
Gelungene Verbindung des klassisch-georgianischen Stils mit modernen Elementen. Absolut sehenswert ist die Lounge mit den eingelassenen Sitzmöglichkeiten. Das Frühstück gilt als eines der besten in ganz Dublin.
€€€

The Schoolhouse Hotel ➡ aD8
2–8 Northumberland Rd.
Dublin 4
✆ (01) 667 5014
Fax (01) 667 5015
www.schoolhousehotel.com
Das kleine, luxuriöse Hotel befindet sich in einem Schulgebäude von 1861.
€€€

Jury's Inn Parnell Steet ➡ D8
Moore Street Plaza/Parnell St.
Dublin 1
✆ (01) 878 49 00
Fax (01) 878 49 99
www.bookajurysinn.com
Solider 3-Sterne-Komfort in zentraler Lage zum erfreulichen Preis.
€€

The Leeson Inn ➡ aE5
24 Lower Leeson St.
Dublin 2
✆ (01) 662 2002
Fax (01) 662 1567
www.leesoninndowntown.com
Das Hotel liegt in einem alten georgianischen Gebäude von 1810. Zu Fuß sind es etwa 10 Minuten bis ins Zentrum.
€€

Phoenix Park House ➡ E5
38–39 Parkgate St., Dublin 8
✆ (01) 677 2870
Fax (01) 679 9769
www.phoenixparkhotel.ie
Gemütliche Zimmer ohne viel Luxus in recht zentraler Lage. Das reichhaltige irische Frühstück wird im viktorianischen Ambiente serviert.
€€

Mercantile Hotel ➡ aB4
28 Dame St., Dublin 2
✆ (01) 670 7100
Fax (01) 670 7101
www.mercantilehotel.ie
Kleines, zentral gelegenes Hotel mit überzeugendem Service. Nach Spezialpreisen fragen.
€–€€

Avalon House ➡ aC4
55 Aungier St., Dublin 2
✆ (01) 475 0001
Fax (01) 475 0303
www.avalon-house.ie
Unter Backpackern unter die zehn besten Billigunterkünfte Europas gewählt. Frisch renovierte, kleine, aber helle Zimmer in oftmals kräftigen Farben. Nahe St. Stephen's Green. DZ €€, Schlafsaal € ■

Essen und Trinken: Restaurants, Cafés, Pubs und Bars, für Zwischendurch

In Irland wird traditionell sehr üppig gefrühstückt. Als Getränke werden wie bei uns Kaffee oder Tee gereicht. Anstelle eines sparsamen Brötchens, gibt es aber Cornflakes oder Porridge. Außerdem: Eier in allen Variationen, Bohnen, gegrillte Tomaten, gebratenen Speck, Würstchen und Toast. Alles in allem: fett und kalorienreich.

Nach einer solchen Grundlage gibt es zum Mittagessen meist nur Sandwiches. Nachmittags wird Tee serviert, zu dem durchaus auch etwas gegessen wird. Abends wird dann wieder reichlich aufgedeckt – erneut kalorien- und fettreich. Besonders beliebt sind Lammgerichte, Fisch und Meeresfrüchte.

Galway-Auster

Irish Stew, eine Kasserolle mit Lamm- oder Hammelfleisch, Zwiebeln und Kartoffeln gilt als Nationalgericht. *Dublin Coddle* ist ein Eintopf aus Würstchen, Schinken, Kartoffeln und Zwiebeln. Beliebt und auch von Touristen oft gegessen wird Fish and Chips.

Als Nachtisch kommt häufig überbackener Apfelkuchen, *Apple Tart*, auf den Tisch, oder man isst *Porter Cake*, der wiederum aus Trockenfrüchten, braunem Zucker, Guinness und etwas Mehl hergestellt wird.

Während irisches Essen außerhalb der Grenzen der Insel nur wenige Anhänger findet, sieht es bei den Getränken anders aus. Das irische Bier – allen voran das Guinness – und der Whiskey genießen Weltruhm.

Restaurants

Chapter One ➡ D8
18–19 Parnell Sq., Dublin 1
✆ (01) 873 2266
www.chapteronerestaurant.com
Mo–Fr 12.30–14, Di–Sa 19.30–22.30, So ab 18 Uhr

Chefkoch Ross Lewis hat sich seit der Eröffnung 1992 einen festen Platz in der Dubliner Restaurantszene erobert. Das Ambiente im Kellergewölbe des Dubliner Schriftstellermuseums könnte kaum stimmungsvoller sein und auch das Preis-Leistungs-Ver-

»Menu of the Day«

Die Restaurants sind nach Preiskategorien eingeteilt, die für ein Hauptgericht ohne Getränke gelten. Die Adressen sind zunächst nach Kategorie (absteigend) und danach alphabetisch sortiert.

€ – untere Preislage (bis 12 Euro)
€€ – mittlere Preislage (12 bis 18 Euro)
€€€ – gehobene Preislage (18 bis 25 Euro)
€€€€ – obere Preislage (über 25 Euro)

hältnis stimmt. Tagsüber kommen vorwiegend Geschäftsleute zum dreigängigen Mittagslunch, abends sind es die Theaterbesucher, die sich das ebenfalls dreigängige Theatermenü munden lassen. Abwechslungsreiche, moderne irische Küche mit Lamm, Lachs, Geflügel und Meeresfrüchten. €€€€

L'Ecrivain ➡ aD7
109A Lower Baggot St., Dublin 2
✆ (01) 661 1919
www.lecrivain.com
Do/Fr 12.30–14, Mo–Sa 18.30–22.30 Uhr
Derry und Sallyanne Clarke servieren moderne irische Küche und wurden dafür schon mit einem Michelin-Stern belohnt. Dass dieses Gourmetvergnügen nicht ganz billig ist, versteht sich von selbst, aber die Dubliner sind begeistert und so muss man den Tisch im L'Ecrivain rechtzeitig bestellen. Von den Wänden schauen berühmte irische Schriftsteller den Gästen beim Essen zu. €€€€

The Lord Edward ➡ aB3
23 Christ Church Place
Dublin 8
✆ (01) 454 2420
www.lordedward.ie
Mo–Fr 12.30–14.30 und 18–22.30, Sa 18–22.30 Uhr
Dublins ältestes Fischrestaurant liegt über dem gleichnamigen Pub. Absolut frische Ware und als Zugabe ein herrlicher Blick auf die Christ Church Cathedral. €€€€

Patrick Guilbaud ➡ aD6
21 Upper Merrion St., Dublin 2
✆ (01) 676 4192
www.restaurantpatrickguilbaud.ie
Di–Fr 12.30–14.15, Sa 13–14.15, Dinner Di–Sa 19–22.15 Uhr
Das Ambiente passt zum Anspruch. Begleitet von zeitgenössischer irischer Kunst zelebriert der Chefkoch Patrick Guilbard seine Kochkünste, die ihm immerhin zwei Michelin-Sterne eingebracht haben. Bei schönem Wetter kann man auch auf der Terrasse im Garten speisen. Dass nur feinste saisonale Zutaten verarbeitet werden, ist in dieser Preisklasse selbstverständlich. Während die Dinner-Menüs doch ein größeres Loch in die Geldbörse reißen, ist das Lunch-Menü ab € 38 durchaus noch erschwinglich. €€€€

The Tea Room ➡ aB3/4
The Clarence Hotel
6–8 Wellington Quay, Eingang von der East Essex St., Dublin 2
✆ (01) 407 0813
www.theclarence.ie
Frühstück Mo–Fr 7–11, Sa/So 7.30–11.30, Brunch Sa/So ab 12, Lunch Mo–Fr 12–17, Dinner Mo–Mi 17–22, Do–Sa 17–22.30 Uhr, Fr Livemusik ab 19 Uhr
Hier speisen die oberen Zehntausend. Ausgezeichnetes Essen und edles Ambiente. Der Service ist professionell, lässt aber die sonst übliche irische Freundlichkeit vermissen. Ohne Vorbestellung bekommt man keinen Tisch. €€€€

Café en Seine ➡ aC5
39 Dawson St., Dublin 2
✆ (01) 677 4349
www.cafeenseine.ie
Tägl. 11–24, Do–Sa bis 3 Uhr, So Jazzbrunch bis 17 Uhr

Tagsüber ein wunderschönes Café/Restaurant und später am Abend dann Pub mit Livemusik. Das Interieur ist opulent im Art-Déco-Stil gehalten und erinnert mit den imposanten Glaslampen, der Büste von Louis XIV., den Spiegeln und dem Piano an Paris zu Beginn des 20. Jahrhunderts. Ein wunderschönes Atrium und beeindruckend große Pflanzen machen den Besuch des preisgekrönten Café en Seine zu einem ganz besonderen Erlebnis. €€€

Oliver's at The Schoolhouse
➡ aD8
2–8 Northumberland Rd., Dublin 4
✆ (01) 667 5014
www.schoolhousehotel.com
Mo–Fr 12–14.30, tägl. 17–22 Uhr
Bis 1965 war das Gebäude eine Schule, dann stand es lange leer – 1998 sind hier ein Restaurant und ein Hotel eingezogen. Seit Herbst 2010 ist Olivier Quenet Küchenchef und zelebriert hochgelobte französische Kochkunst. Die Lunch-Menüs sind mit € 21–27 noch relativ preisgünstig, abends muss man schon etwas tiefer in die Tasche greifen. In der Schoolhouse-Bar gibt es Do–Sa ab 21 Uhr Livemusik. €€€

The Church ➡ aA3/4
Mary St./Jervis St., Dublin 1
✆ (01) 828 0102
www.thechurch.ie
Tägl. ab 17, Main Bar ab 11 Uhr
Die Anfang des 18. Jh. errichtete St. Mary's Church war eine der ersten Galerienkirchen in Dublin. Nach der Schließung 1964 stand sie eine Weile leer, bis schließlich nach aufwendigen Restaurierungsarbeiten im Dezember 2005 das Restaurant eröffnet werden konnte. Schon auf den ersten Blick sieht man, dass dies eine Kirche war, denn sogar die Orgel und die Kirchenfenster sind erhalten geblieben. Im zentralen ehemaligen Kirchenschiff befindet sich nun die Bar, auf der Galerie das Restaurant. Eine weitere Bar gibt es im Keller. 2006 gewann das Restaurant den Preis für das bestsanierte Gebäude. Freitag und Samstag geht es ab 22 Uhr im **The Club** hoch her. €€€

Diep Le Shaker ➡ aD6
55 Pembroke Lane, Dublin 2
✆ (01) 661 1829
www.diep.net
Di–Do 12–14.30, Fr 12–15, Di/Mi 17–22.30, Do–Sa 18–23.30 Uhr
Ausgezeichnet als bestes ethnisches Restaurant Dublins. Angenehmes Interieur in kräftigen, aber nie aufdringlichen Farben. Moderne, schlichte Einrichtung, guter Service. Umfangreiche Speisekarte mit raffinierten asiatischen Gerichten. Dienstag- und Mittwochabend Livemusik, meistens Jazz. Nach dem Essen kann man in die **Buddha Bar** wechseln und den Abend bei einem der phantasievollen Cocktails beschließen. €€€

Langkawi ➡ aE7
46 Upper Baggot St.
Dublin 2
✆ (01) 668 2760, www.langkawi.ie
Mo–Fr 12.30–14, Mo–So auch 18–23.30 Uhr
Malaysisches Restaurant im Familienbesitz. Freundliche Bedienung und ausgezeichnete Currygerichte gehen hier Hand in Hand. Empfehlenswert sind auch die Vorspeisen. €€€

Nonna Valentina ➡ H7
1–2 Portobello Rd.
Dublin 8
✆ (01) 454 9866
www.nonnavalentina.ie
Fr ab 17.30, Sa/So ab 12 Uhr
Außerhalb des Zentrums sind gute Restaurants rar gesät. Nonna Valentina liegt im Stadtteil Portobello direkt am Grand Canal und bietet solide italienische Küche. €€€

Ein traditionell irisches Gericht: Irish Stew

Ristorante Ragazzi ➡ cC3
109 Coliemore Rd.
Dalkey, Co. Dublin
✆ (01) 284 7280
Tägl. 17.30–22.30 Uhr
Sehr guter Italiener, bei dem neben dem Essen auch der freundliche Service überzeugt. Er liegt etwas abseits im Vorort Dalkey. Der Besuch des Restaurants lässt sich gut mit einem Abstecher zum Dalkey Castle oder dem Joyce Museum verbinden. €€€

Gallaghers Boxty House ➡ aB4
20–21 Temple Bar, Dublin 2
✆ (01) 677 2762
www.boxtyhouse.ie
Tägl. 11–22.30, Fr/Sa bis 23 Uhr, im Sommer länger
Eines der wenigen Restaurants in Dublin, in denen man Boxty – den traditionellen irischen Kartoffelpfannkuchen – essen kann. Aber auch alles andere, was man typischerweise mit irischer Küche in Verbindung bringt, kann man hier bestellen. €€

Cafés

Bewley's Grafton St. Cafe ➡ aC5
78–79 Grafton St., Dublin 2
✆ (01) 672 7720
www.bewleys.com
Mo–Mi 8–22, Do–Sa 8–23, So 9–22 Uhr
Nach der kürzlich erfolgten Wiedereröffnung ist die Institution Bewley's wieder auf der Höhe der Zeit, ohne seinen nostalgischen Charme eingebüßt zu haben. Herrlich duftende Kaffee- und Teespezialitäten und leichtes Essen erfreuen den Gaumen. Im ehemaligen Oriental Room werden zur Mittagszeit öfter kleine Theaterstücke von jungen Schauspielern aufgeführt. €€

Caffé Noto ➡ aC2
79 Thomas St./Cornmarket
Dublin 8
✆ (01) 454 7223
www.caffenoto.com
Mo–Fr 7.45–18, Sa/So 10–18 Uhr
Eine Mischung aus Wiener Kaffeehaus und Pariser Bistro mitten in Dublin. Idealer Ort für das Frühstück vor der Stadtbesichtigung. €

Elephant and Castle ➡ aB4
18 Temple Bar, Dublin 2
✆ (01) 679 3121
www.elephantandcastle.ie
Mo–Fr 8–23.30, Sa/So 10.30–23.30 Uhr

Irische Pub-Kultur

Das einfache, aber angenehme Café/Restaurant lohnt schon einen Besuch zum Frühstück, besonders am Samstag und Sonntag, wenn ab 10.30 Uhr Brunch angesagt ist. Ansonsten kommt Internationales wie Hamburger, Chicken Wings, Sandwiches und Salate von ansehnlicher Größe auf den Tisch. €

Pubs und Bars

Kavanagh's ➡ A7
1 Prospect Sq., Glasnevin
Dublin 9
✆ (01) 830 7978
Mo–Do 10.30–23.30, Fr/Sa 10.30–0, So 12.30–23 Uhr
Mit dem Bus Nr. 13 fährt man von der O'Connell St. nach Glasnevin. Doch die Mühe lohnt, denn Kavanagh's ist eine Dubliner Institution. Seit ewigen Zeiten trinkt man hier sein Guinness. Und nichts ändert sich, ein Pub der pure Nostalgie verströmt.

The Mercantile Bar and Grill ➡ aB4
28 Dame St., Dublin 2
✆ (01) 670 7100
www.mercantilehotel.ie
Tägl. 12–14.30 und 16–22 Uhr
Bar und Grill mit Atmosphäre, meist Donnerstag und Samstag Livemusik. €€

The Oliver St. John Gogarty Restaurant ➡ aB4
58–59 Fleet St., Temple Bar
Dublin 2
✆ (01) 671 1822
www.gogartys.ie
Pub Mo–Sa 10.30–2.30, So 12–1.30, Restaurant Lunch Do–So, Dinner Mo–Do ab 17.30 Uhr
Eine der bekanntesten Adressen in Temple Bar. Gute Stimmung und irische Hausmannskost sind die Markenzeichen des Pubs. Der Namensgeber war Dichter, Pilot und Politiker, vor allem aber Liebhaber eines guten Guinness. Nicht nur ihm zu Ehren fließt der braune Gerstensaft hier in Strömen. €€

The Porterhouse Temple Bar ➡ aB3
16–18 Parliament St., Dublin 2
✆ (01) 679 8847
www.porterhousebrewco.com
Mo–Do 10.30–23.30, Fr/Sa 10.30–0.30, So 12–23 Uhr
Bier, irisches Essen, Pubatmosphäre und jeden Abend Livemusik. Mehrfach zum Pub des Jahres ausgezeichnet, und auch das Porterhouse Bier aus der eigenen

Mikrobrauerei hat schon mehrere Preise gewonnen. Barfood schon ab € 11. €€

The Brazen Head ➡ aB2
20 Bridge St. Lower, Dublin 8
✆ (01) 679 5186
www.brazenhead.com
Tägl. 10.30–0.30 Uhr
1198 eröffnet, ist das Brazen Head das älteste Pub Irlands. Obwohl das heutige Gebäude erst aus dem 17. Jh. stammt, merkt man dem stimmungsvollen Restaurant seine lange Geschichte an. Gemütlich sitzt man im Barraum und tut sich an üppigen Portionen gütlich. Ab 21 Uhr schließt die Küche, die Teller werden beiseite geräumt und es wird Livemusik gespielt. €

Ely Wine Bar ➡ aD5/6
22 Ely Place, Dublin 2
✆ (01) 676 8986
www.elywinebar.ie
Mo–Do 10–23.30, Fr 10–0.30, Sa 17–0.30 Uhr
Hier gibt es die wahrscheinlich beste Weinauswahl in Dublin. Lassen Sie sich vom Ober beraten, welchen Roten Sie zum Biolamm trinken sollen. Nicht nur das Lamm kommt vom Ökobauernhof. €€€€

Für Zwischendurch

Epicurean Food Hall ➡ aA4
46 Middle Abbey St./Liffey St. Dublin 1
✆ (01) 878 7016
www.epicureanfoodhall.com
Mo–Sa 8–20, So 11–19 Uhr
In der Markthalle mit schönem Atrium hat der kleine Hunger zwischendurch keine Chance. Im Angebot ist Indisches, Türkisches, Italienisches, Spanisches, und auch der Chipper fehlt nicht. Die Auswahl ist überwältigend und man muss nirgends lange warten. Wer an den Tischen Platz nimmt, kann sogar die müden Füße entspannen. €

Leo Burdocks
2 Werburgh St., Dublin 8
✆ (01) 454 0306
www.leoburdock.com
Tägl. 12–24 Uhr
Für einen Chipper nicht gerade billig, dafür gibt es aber wirklich große Portionen. € ■

»The Oliver St. John Gogarty Restaurant« in der Fleet Street

Nightlife: Bars, Shows, Musikkneipen, Clubs und Diskotheken, Casino

Die Ha'penny Bridge und das Zentrum des Nachtlebens – Temple Bar

Das Zentrum des Nachtlebens ist ohne Zweifel **Temple Bar.** Hier reiht sich eine Kneipe an die andere. Besonders an lauen Sommerabenden tobt hier das Leben. Doch auch sonst gibt es genügend typisch irische Pubs, die ein gutes Guinness ausschenken und in denen man, andres als in Temple Bar, überwiegend Einheimische und nicht nur Touristen trifft. Kneipengänger sollten jedoch beachten, dass in Irland die Pubs generell früher schließen, als wir das aus Deutschland gewohnt sind. Um zwölf, spätestens halb eins lassen die meisten die Rollläden herunter. Das gilt natürlich nicht für Diskotheken und Nachtclubs, in denen es erst gegen 23 Uhr so richtig losgeht. Wer sich intensiv ins Nachtleben stürzen möchte, sollte auch einen Blick in den **Dublin Event Guide** werfen, der in vielen Hotels und Bars kostenlos ausliegt (www.eventguide.ie).

Bars und Lounges

Café Cairo ➡ aB5
Trinity Capital Hotel, Pearse St.
Dublin 2
✆ (01) 6481 010
Tägl. Frühstück 7–10 (So 8–11), Lunch 12–18, Dinner 18–21.30 Uhr, Drinks bis 23.30, Fr/Sa bis 0.30 Uhr
Elegant-opulente Bar mit nostalgischem Charme. Der Name ist hier Programm, vieles erinnert an Nordafrika.

The Dragon ➡ aB4
South Great Georges St., Dublin 2
✆ (01) 478 1590
Mo–Sa 17–2.30, So 17–23 Uhr
Bar und Disco im asiatischen Décor in kräftigem Rot. Treffpunkt der Gay-Szene Dublins.

Voodoo Lounge ➡ aB2
39 Arran Quay, Smithfield
Dublin 7
✆ (01) 873 6013
Mo–Mi 12–1, Do/Fr 12–2.30, Sa 16–3, So 16–1 Uhr
Livemusik und am späten Abend DJ-Musik in gruseliger, kaum beleuchteter Voodoo-Atmosphäre.

Shows

The Merry Ploughboy Pub ➡ cC3
Edmondstown Rd.
Dublin 16
✆ (01) 493 1495
www.mpbpub.com
Dinner ab 19.30, Show 20.30–22.30 Uhr
Der Abend beginnt mit einem sehr ansprechenden Dinner, dann folgt eine rund zweistündige Show voller irischer Musik und irischem Tanz mit den Merry Ploughboys, einer der beliebtes-

ten Gruppen des Landes, wenn es um Traditionelles geht.

Musikkneipen

Abbey Tavern ➡ cB3
28 Abbey St., Howth
Dublin 13
✆ (01) 839 0307
www.abbeytavern.ie
Tägl. ab 12.30 Uhr
In der Nähe des Hafens von Howth steht diese uralte Taverne, deren Ursprung bis ins 15. Jh. zurückgeht. Abends wird ein 4-Gang-Menü serviert, anschließend gibt's eine Livevorstellung traditioneller irischer Musik und Tanz. Anmeldung erforderlich.

O'Donoghue's ➡ aD5/6
15 Merrion Row
Dublin 2
✆ (01) 660 7194
www.odonoghues.ie
Mo–Do 10.30–23.30, Fr/Sa bis 0.30, So 12.30–23 Uhr
Schon 1789 wurde in diesem Pub Bier getrunken. In den 1930er-Jahren hat dann die Familie O'Donoghue die Kneipe übernommen und sie in den nächsten Jahrzehnten zum Ruhm geführt. Denn hier haben seitdem viele bekannte Gruppen ihren irischen Folk zum Besten gegeben – natürlich auch die Dubliners. An den Wänden hängen noch die vergilbten Fotos der Helden. Auch heute kommen fast täglich noch Musiker vorbei und spielen, wie eh und je, Irish Folk. Kein Wunder, dass die wenigen Sitzplätze bald vergeben sind und es im Laufe des Abends immer voller wird.

Clubs und Diskotheken

Club M ➡ aB4
Cope St., Dublin 2
✆ (01) 671 5622
www.clubm.ie
Fr–So 11–3 Uhr
Der Club M ist einer der ältesten Nightclubs der Stadt, der vor allem junges Publikum anzieht. Unterschiedlichste musikalische Stilrichtungen werden gespielt. Hier geht es meist sehr ausgelassen zu – ein Hauch von Ballermann in Dublin.

Zanzibar ➡ aD1
34–35 Lower Ormond St.
Dublin 1
✆ (01) 878 7212
Mo–Fr 17–3, Sa 14–3, So 14–1.30 Uhr
Zumeist legen hier bekannte DJs auf, was zumindest am Wochenende zu Schlangen vor der Tür führt. Die Zanzibar ist angesagt, die Stimmung ist immer gut, das Ambiente östlich angehaucht und elegant.

Fitzsimons ➡ aB4
Temple Bar, Dublin 2
✆ (01) 677 9315
www.fitzsimonshotel.com
Restaurant 12–22.30, Bar und Nachtclub unterschiedlich je nach Veranstaltung
Wer in Temple Bar feiern will, hat hier die Auswahl – Fitzsimons ist Bar, Nachtclub und Kneipe in einem. Gleich vier Tanzflächen und vier Bars, darunter eine auf dem Dach unter freiem Himmel, warten auf die Vergnügungssüchtigen.

Casino

Fitzwilliam Casino & Card Club ➡ aD7
Clifton Hall, Lower Fitzwilliam St.
Dublin 2
✆ (01) 611 4677
www.fitzwilliamcardclub.com
Tägl. 14–8 Uhr
Hier kann man sein Glück beim Roulette, Blackjack oder Poker versuchen. ■

Kultur und Unterhaltung: Theater, Klassik, Musical, Jazz, Blues, Pop und Rock, Kinos

Dublin ist als Stadt der Literatur bekannt. Doch die irische Hauptstadt bieten noch viel mehr als »nur« Geschriebenes. Die Theater der Stadt setzen um, was ihre Schriftsteller zu Papier gebracht haben und genießen ebenfalls Weltruf. An erster Stelle sind hier das **Abbey Theatre** und das **Gate Theatre** zu nennen, die für viele Schauspieler das Sprungbrett zu einer internationalen Karriere waren.

Dass die irische Musikszene mehr zu bieten hat als nur die traditionelle Volksmusik – die allabendlich in vielen Pubs der Stadt erklingt – beweisen die vielen Clubs der Stadt. Junge Künstler zeigen hier ihr Repertoire an Folk, Rock und Pop. Und die großen Stars der Welt finden in **The O_2** eine standesgemäße Spielstätte. Schließlich bietet Dublin natürlich aber auch das, was zu einer Hauptstadt einfach dazugehört: Kinos, Konzerthallen und Musicaltheater.

Theater, Klassik, Musical

Abbey Theatre ➡ E9
26 Lower Abbey St.
Dublin 1
✆ (01) 877 2200
Ticketvorverkauf ✆ (01) 878 7222
www.abbeytheatre.ie
Das Abbey Theater ist das Nationaltheater Irlands. Gegründet 1904 von William Butler Yeats, bietet es auch heute noch international beachtete Aufführungen. Ebenfalls Teil des Abbey Theaters ist die kleine **Studiobühne Peacock.**

Dublin Theatre Festival ➡ aB4
44 East Essex St., Temple Bar
Dublin 2
✆ (01) 677 8439
www.dublintheatrefestival.com
Jährlich im Herbst stattfindendes, internationales Theaterfestival.

Gaiety Theatre ➡ aC4
South King St., Dublin 2
✆ (08 18) 71 93 88
www.gaietytheatre.ie
In den vierziger Jahren des 19. Jh. errichtet, ist das Gaiety Theater das älteste Theater Dublins. Heute werden hier vor allem Musicals gespielt.

Gate Theatre ➡ D8
Cavendish Row, Parnell Sq.
Dublin 1
✆ (01) 874 4045 oder 874 6042
www.gatetheatre.ie

Irlands Nationaltheater: Abbey Theatre

The O_2 inmitten der Docklands, von der East Link Bridge aus gesehen

Eines der großen Theater der Stadt, das immer wieder – auch international – von sich reden macht. Gespielt werden meist Klassiker bzw. moderne Klassiker wie Beckett oder Pinter. Orson Welles begann am Gate Theatre seine Karriere als Schauspieler.

National Concert Hall ➡ G8
Earlsfort Terrace, Dublin 2
✆ (01) 417 0000, www.nch.ie
Hier wird hauptsächlich, jedoch keineswegs ausschließlich klassische Musik aufgeführt.

Olympia Theatre ➡ aB4
72 Dame St, Dublin 2
✆ (01) 679 3323
Tickets ✆ 0818 719 330
www.olympia.ie
Theater, Comedy und Musik wird in diesem Theater ganz in der Nähe des Dublin Castle zur Aufführung gebracht.

Jazz, Blues, Pop und Rock

The O_2 ➡ E11
North Wall Quay, Dublin 1
✆ (01) 819 8888, www.theO2.ie
Neue Veranstaltungshalle in Mitten der Docklands. Hier treten die internationalen Megastars bei ihren Gastspielen in Dublin auf.

Bleu Note Bar & Club ➡ aA3
61–63 Capel St., Dublin 1
✆ (01) 878 3371
Livemusik gibt es in Dublin in vielen Kneipen. Jazz- und Bluesauftritte nur hier.

The Academy ➡ aA4
57 Middle Abbey St., Dublin 1
✆ (01) 877 9999
www.theacademydublin.com
Location für alle, die auf moderne und alternative Musik stehen. Hier treten Künstler wie Adam Green oder Kate Nash auf.

Kinos

Irish Film Institute ➡ aB4
6 Eustace St.
Temple Bar, Dublin 2
Reservierung ✆ (01) 679 3477
www.irishfilm.ie
Non-Profit-Einrichtung, in der in zwei Kinos Filme abseits des Mainstream gezeigt werden.

Savoy ➡ D8
17 Upper O'Connell St.
Dublin 1
✆ 01520 927 400
www.savoy.ie
Das Savoy wartet gleich mit zwei Superlativen auf: Es ist das älteste Kino Irlands und das mit der größten Leinwand.

Cineworld ➡ D8
Parnell St., Dublin 1
✆ 01520 880 444
www.cineworld.ie
Multiplex in zentraler Lage. ■

Shopping: Einkaufszentren, Kaufhäuser, Kulinarisches, Mode, Souvenirs, Galerien und Kunsthandwerk, Märkte

Dublin ist eine sehr gute Stadt zum Einkaufen – allerdings keine billige. Dazu hat viel der irische Wirtschaftsboom in den ersten Jahren des 21. Jahrhunderts beigetragen. Damals explodierten auch die Preise. Der wirtschaftliche Höhenflug hat zwar inzwischen eine Pause eingelegt, die Preise sind aber noch nicht wieder auf mitteleuropäischem Niveau gelandet.

Es lohnt sich, Preise zu vergleichen, denn die sind auch innerhalb der Stadt oft sehr unterschiedlich. Generell gilt: Je weniger Touristen die Läden besuchen, desto realistischer ist das Preisniveau. Tipp: Besucher aus der Schweiz können sich bei der Ausreise die Mehrwertsteuer zurückerstatten lassen und so über 20 Prozent auf den Warenpreis sparen.

In der **Fußgängerzone Grafton Street** ➡ aC5 reiht sich ein Kaufhaus ans andere. Obwohl hier viele Touristen unterwegs sind, geht meist Höherklassiges über den Ladentisch. Souvenirläden mit Dutzendware findet man nur vereinzelt. Wer nicht muss, sollte hier den Samstag zum Einkaufen meiden – dann fühlt es sich an wie bei Sardinens in der Dose.

Die **Henry und Mary Street** ➡ aA3/4 sind bei ähnlichem Angebot die billigere Alternative zur Grafton Street. Von der Henry Street zweigt die **Moore Street** ➡ D/E8 ab – auf dem Markt und in den umliegenden Geschäften kauft man Obst, aber auch Exotisches wie Trockenfisch, Malzbier oder afrikanische Gewürze. Auch in der **O'Connell Street** ➡ D/E8 gehen die Dubliner gerne einkaufen. Läden der unterschiedlichsten Bekleidungsketten dominieren hier die Szene. Besuchenswert ist **Clerys** ➡ E8, ein modernes Kaufhaus hinter einer historischen Fassade.

Die **Earl Street** ➡ aC1/2 ist die Schnäppchenstraße Dublins. Qualität wird hier nicht immer groß geschrieben, doch wer möglichst viel für einen Euro will, ist hier richtig. Etwas außerhalb an der N3, nördlich des Stadtrings M50, liegt mit dem **The Blanchardstown Centre** ➡ cB1

Straßenkünstler in der Grafton Street

Unter Glas: im St. Stephen's Green Shopping Centre

(www.blanchardstowncentre.ie) das größte Einkaufszentrum Irlands. Wer auf der Suche nach Antiquitäten oder Trödel ist, schlendert durch die **Francis Street** ➡ aC2, dort reiht sich ein Geschäft ans andere.

Einkaufszentren

Ilac Shopping Centre ➡ E8
Eingänge: Henry, Mary, Moore und Parnell Sts., Dublin 1
✆ (01) 704 1460, www.ilac.ie
Mo 9–19, Di–Sa 9–20, Do bis 21, So 10–19 Uhr
Zentral gelegenes Einkaufszentrum in der Nähe der O'Connell Street.

Powerscourt Centre ➡ aC4/5
59 William St. South, Dublin 2
Eingang auch von Grafton St. bei der Powercourt Clock, neben »Barretts Shoe Shop«
www.powerscourtcentre.com
Mo–Mi, Fr 10–18, Do bis 20, Sa 9–18, So 12–18 Uhr
Das einst für Lord Powerscourt im 18. Jahrhundert errichtete Gebäude zählt zu den architektonischen Schmuckstücken der Stadt. Um den überdachten Innenhof, den sich mehrere Restaurants teilen, verteilen sich auf mehreren Stockwerken zum Großteil eher hochpreisige Läden mit Antiquitäten, Schmuck, Mode und Designerware. Im 2. Stock befindet sich das Powerscourt Theatre, wo »JIG – The Story of Irish Dance« aufgeführt wird.

St. Stephen's Green Shopping Centre ➡ aC4
St. Stephen's Green/Grafton St. Dublin 2, ✆ (01) 478 0888
www.stephensgreen.com
Mo–Sa 9–19, Do bis 21, So 11–18 Uhr
Rund 100 verschiedene Läden, die überwiegend Preisgünstiges anbieten, versammeln sich unter dem Dach des 1889 eröffneten St. Stephen's Green Shopping Centre. Bemerkenswert von außen und innen ist die viktorianische Konstruktion aus Glas und unzähligen weiß gestrichenen Eisenstreben.

Kaufhäuser

Brown Thomas ➡ aC5
88–95 Grafton St., Dublin 2
✆ (01) 605 6666
www.brownthomas.com
Mo, Mi, Fr 9.30–20, Di ab 10, Do bis 9.30-21, Sa 9–20, So 11–19 Uhr

Schon der Türsteher in klassischer Livree gibt Besuchern das Gefühl, ins vornehmste Kaufhaus Dublins zu gehen. Der Eindruck bestätigt sich auch im Innern; das ehrwürdige Brown Thomas – eröffnet 1849 – kann es durchaus mit dem Londoner Harrod's oder dem Berliner KaDeWe aufnehmen. Hier warten viele in- und ausländische Designerlabels auf zahlungskräftige Kunden.

Clerys ➡ E8
18–27 Lower O'Connell St.
✆ (01) 878 6000
www.clerys.ie
Mo–Fr 10–18.30, Do bis 21, Sa 9–19, So 12–18 Uhr
Hinter der ehrwürdigen Fassade von 1853 an Dublins Prachtboulevard verbirgt sich nach der letzten Sanierung von 2004 ein modernes Kaufhaus mit großem Angebot. Wer neben dem Shopping noch Zeit für einen Blick auf das Innenleben hat, wird noch ehrwürdig Altes wie Marmortreppen, Säulen und dekorative Fußböden entdecken.

Kulinarisches

Barry Bros & Ruud ➡ aC4/5
4 Harry St., Dublin 2
✆ (0800) 280 2440, www.bbr.com
Mo–Fr 9–18, Sa 10–16 Uhr
Dass in Irland nicht nur Guinness und Whiskey getrunken werden, zeigt der edle Weinhändler Barry Bros & Ruud. In einem schön renovierten historischen Haus von 1880 warten 800 verschie-

Dublins Einkaufsmeile: Grafton Street

dene Weine auf Käufer. Schon der Verkaufsraum des alteingesessenen Familienunternehmens mit weltweiten Kontakten zeugt von Geschmack und Niveau. Die wirklich kostbaren Tropfen lagern im Keller. Im Obergeschoss finden Weinproben statt.

Celtic Whiskey Shop ➡ aC5
27–28 Dawson St., Dublin 2
✆ (01) 675 9744
www.celticwhiskeyshop.com
Mo–Sa 10.30–20, Do bis 21, So/Fei 12.30–19 Uhr
Dieses Geschäft wird jeden Whiskey-Liebhaber in Entzücken versetzen. Neben den bekannten Marken, die man auch bei uns im Supermarkt bekommt, hat der Celtic Whiskey Shop auch viele edle Tropfen kleiner irischer Brennereien im Angebot. Einige schottische Marken und auch Bourbon lagern obendrein noch in den Regalen. Eine kleine Auswahl an Whiskeys steht immer zur Verkostung bereit. Wer sich nicht entscheiden kann, geht zum Regal mit Dutzenden von Miniflaschen und stellt sich sein Wunschsortiment für zu Hause zusammen.

Listons Food Store ➡ G/H 8
25–26 Lower Camden St., Dublin 2
✆ (01) 405 4779
www.listonsfoodstore.ie
Mo–Fr 9–18.30, Sa 10–18 Uhr
Wein, Käse, Olivenöl oder was man sonst noch alles für ein gelungenes Essen braucht findet man hier. Außerdem kann man auch gleich vor Ort mit einem kleinen Imbiss seinen Hunger stillen.

Mode und Accessoires

Cleo ➡ aC5
18 Kildare St., Dublin 2
✆ (01) 676 1421
www.irishclothing.ie
Mo–Sa 10–17 Uhr
In dem Laden werden vor allem handgestrickte Pullover aus allen Gegenden Irlands verkauft. Außerdem auch Mäntel, Blusen, Hüte und sogar Taschen. Jedes Stück ein Einzelstück.

Dublin Woollen Mills ➡ aB4
41 Ormond Quay Lower, Dublin 1
✆ (01) 828 0301
www.woollenmills.ie
Mo–Sa 9.30–18, Do bis 18.30 Uhr
Traditionsreicher Laden – gegründet 1888 –, in dem man irische Pullover kaufen kann.

Kevin & Howlin ➡ aB5
31 Nassau St., Dublin 2
✆ (01) 633 4576
www.kevinandhowlin.com
Mo–Sa 9.30–18, So 12–18 Uhr
Seit mehr als 70 Jahren wird hier original handgewebter irischer Tweed verkauft. Die Mäntel, Jacken, Westen, Hüte und Schals von Kevin & Howlin machen aus jedem einen waschechten Iren.

Louise Kennedy ➡ aD7
56 Merrion Sq., Dublin 2
✆ (01) 662 0056
www.louisekennedy.com, Mo–Do 9–18, Fr 9–17, Sa 10–17 Uhr
In einem alten Stadtpalais liegt dieser Laden einer irischen Designerin. Edel und teuer.

O'Reillys – Celtic & Claddagh ➡ aB5
35 Wicklow St.
Dublin 2
✆ (01) 677 5363
Traditionsreiches Schmuckgeschäft in Familienbesitz. Hier wird Schmuck in typisch irischem Design angeboten.

Trinity Sweaters ➡ aB5
30 Nassau St.
✆ (01) 671 2292
www.sweatershop.ie
Hier bekommt man die berühmten Wollpullover von den Aran-Inseln.

Als Souvenir beliebt: die Dreifachspirale von Newgrange

Souvenirs

Carroll's ➨ E8
33 Lower O'Connell St., Dublin 1
✆ (01) 874 6741
www.carrollsirishgifts.com
Mo–Mi 8–20, Do–Sa 8–21 Uhr
Hier bekommt man wirklich alle Souvenirs, die man sich nur vorstellen kann. In dem riesigen Laden wartet zwar in den überquellenden Regalen viel Kitsch und Krempel auf Käufer, aber auch relativ hochwertige Kleidungsstücke in den Nationalfarben bekommt man hier. Weitere Filialen von Carroll's Irish Gift Stores gibt es in 57/58 Upper O'Connell Street, Stephen's Green, Suffolk, Henry und Talbot Streets.

Celtic Note ➨ aB5
14/15 Nassau St., Dublin 2
✆ (01) 670 4157
www.celticnote.com
Mo–So 9–18.30, Do bis 20.30 Uhr
Der relativ kleine Laden überrascht mit einem Riesenangebot an klassischer und traditioneller irischer Musik. Hier bekommt der Irlandfan wirklich alles, vor allem das Angebot an CDs mit Frauenstimmen ist beeindruckend. Probehören ist natürlich auch möglich – also genügend Zeit mitbringen!

The House of Ireland ➨ aB5
38 Nassau St., Dublin 2
✆ (01) 671 1111
www.houseofireland.com
Souvenirs ohne Ende – Sweater, T-Shirts, Tassen – in diesem Geschäft ist Grün die vorherrschende Farbe.

Kilkenny Shop ➨ aB5
6 Nassau St., Dublin 2
✆ (01) 677 7066
www.kilkennygroup.com
Mo–Fr 8.30–19, Do bis 20, Sa bis 18.30, So 11–18 Uhr
Souvenirjäger, die bereit sind etwas mehr auszugeben, finden hier eine reiche Auswahl an Strickwaren, Porzellan, Schmuck und vielen andere Kleinigkeiten.

Lighting World ➨ aD7
121–122 Jame's St.
Dublin 8
✆ (01) 671 7788
www.limehouselighting.com
Ob man wirklich einen Lampenschirm aus Irland mit nach Hause bringen will, ist die Frage – ein Lampengeschäft in einer ehemaligen Kirche ist aber auf jeden Fall einen Besuch wert.

The Temple Bar Trading Company ➨ aB4
43 Temple Bar
Dublin 2
✆ (01) 670 3527
Mo–So 10–23 Uhr
Der Temple-Bar-Souvenirshop schlechthin! T-Shirts, Tassen, Kugelschreiber, egal was, Hauptsache die Aufschrift »Temple Bar« ist drauf – hier bekommt man es.

Galerien und Kunsthandwerk

Apollo Gallery ➨ aC5
51c Dawson St.
Dublin 2
✆ (01) 671 2609
www.apollogallery.ie
Mo–Sa 10.30–18, So 12–17 Uhr
Die alteingesessene Apollo Gallery hat sich zum Ziel gesetzt, irische Künstler vom 19. Jh. bis zur Gegenwart auch einem ausländischem Publikum bekannt zu machen. Auch wenn man nicht unbedingt eine Anschaffung plant, lohnt es sich, in der gut gefüllten Ladengalerie zu stöbern.

Barry Doyle ➡ aB/C4
30 George's Street Arcade
Dublin 2, ✆ (01) 671 2838
www.barrydoyledesign.com
Mo–Sa 10–17.30, Do bis 19 Uhr
Barry Doyle fertigt in seinem Studio ausgefallenen Gold- und Silberschmuck. Außergewöhnlich ist seine Kollektion an keltischen Hochzeitsringen.

Märkte

Jedes Wochenende finden in Temple Bar (www.templebar.ie) Märkte statt. Erwarten Sie jedoch nicht zu viel, mehr als ein paar Stände sind es nicht.

Lebensmittelmarkt: Sa 10–16.30 Uhr, Meeting House Sq. ➡ aB4
Kunst- und Möbelmarkt: So 12–18 Uhr, Meetinghouse Sq. ➡ aB4
Kleidermarkt: Sa 10–17 Uhr, Cows Lane ➡ aB3
Büchermarkt: Sa/So 11–18 Uhr, Temple Bar Sq. ➡ aB4

Blackrock Market ➡ cC2
19 Main St., Blackrock
Anfahrt: mit DART bis Blackrock
✆ (01) 283 3522
www.blackrockmarket.com

Typisch irisch: die Harfe

Sa 11–17.30, So 12–17.30, Fei/Mo 11–17.30 Uhr
Ein Flohmarkt, auf dem Schnäppchenjäger nahezu alles finden können, was das Herz begehrt – angefangen von Kleidern bis zu Haushaltswaren, Büchern und Kunst. Es macht einfach Spaß, dem Markttreiben zuzusehen. ■

Lebensmittelmarkt auf dem Meeting House Square

Mit Kindern in der Stadt: Zoo, Aquarium, Museen, Rundfahrten, Einkaufen

Irland ist ein junges Land mit vielen Kindern. Entsprechend ist man dort auf Reisende mit Kindern gut vorbreitet. Sehenswürdigkeiten und öffentliche Gebäude haben in der Regel Wickelräume. Es gibt nahezu überall Kindermenüs, Hochstühle und Rampen für Kinderwagen und Buggys. Die meisten Museen und Sehenswürdigkeiten bieten verbilligte Kindertickets.

Im Zug fahren Kinder unter fünf Jahren kostenlos, Jugendliche bis 15 bezahlen nur die Hälfte. Auch in den Bussen Dublins fahren Kinder und Jugendliche zu ermäßigtem Tarif.

Ein Schwachpunkt beim öffentlichen Nahverkehr in Dublin: Dort sind nur wenige Busse mit Einstiegshilfen für Rollstuhlfahrer ausgestattet – entsprechend schwer ist auch der Zugang mit Kinderwagen.

Zoo und Aquarium

Dublin Zoo ➡ bB4
Phoenix Park
Dublin 8
Bus 25, 25A, 26, 46A, 66, 66A, 66B, 67, 67A, 68, 69, LUAS bis Heuston Station
✆ (01) 474 8900
www.dublinzoo.ie
Tägl. Feb. 9.30–17, März–Sept. 9.30–18, Okt. 9.30–17.30, Nov./Dez. 9.30–16
Eintritt € 15,50/12,50/11
1831 gegründet und damit einer der ältesten Tierparks in Europa. Besonders sehenswert sind die Raubtier- und Primatenabteilung; mit Streichelareal und Seelöwen-Show.

Newbridge House & Farm
➡ cA2
Vgl. S. 47.

National Sea Life Centre ➡ cD3
Strand Rd., Bray
Zug bis Bray Station oder Bus 45, 84, 145
✆ (01) 286 6939
www.visitsealife.com
Tägl. 10–17, März–Okt. bis 18 Uhr
Eintritt € 12/9, online Rabatt
Dieses große Aquarium befindet sich in dem Badeort Bray. Einen Ausflug dorthin kann man daher gleich mit einem Tag am Strand verbinden.

Museen

Dublinia ➡ aB2/3
Vgl. S. 32 f.

National Wax Museum ➡ aB4
4 Foster Pl., Temple Bar
Dublin 2
Dart bis Tara Street, Luas bis Stephen's Green (Green line) oder Jervis Street (Red line)
Bus 7A, 7D, 11A, 11B, 14, 14A, 16, 16A, 46A, 46B, 46C, 46D, 46E, 51N, 67, 69, 116, 746
✆ (01) 671 8373
www.waxmuseumplus.ie
Mo–So 10–19 Uhr
Eintritt € 12/10/8
Historische Persönlichkeiten aus der irischen und der Weltgeschichte, aber auch Popstars und Kinderhelden wie die Simpsons und Harry Potter sind hier in Wachs verewigt. In einem eigenen Mitmachbereich kann man sogar selbst Videos drehen.

Rundfahrten

The Dublin Ghostbus ➡ D8 ·
Tourstart 59 Upper O'Connell St.

Dublin 1
© (01) 703 3028
www.dublinsightseeing.ie
Fahrten Mo–Fr 20, Sa/So 19 und 21.30 Uhr, Tickets € 28
Die zweistündige Rundfahrt mit dem Geisterbus ist nichts für die Allerkleinsten (Mindestalter 14 Jahre). Alle anderen werden aber ihren Spaß daran haben, wenn ihnen das Gruseln gelehrt wird. Der Bus ist ein fahrendes Theater in dem Geschichtenerzähler die spannendsten Geheimnisse der irischen Hauptstadt lüften. Auf der Tour erfährt man auch, dass Dracula eigentlich aus Dublin stammt. Er ist nämlich die Schöpfung des irischen Schriftstellers Bram Stoker.

Viking Splash Tours ➡ aC3
64–65 St. Patrick St.
Dublin 8
© (01) 707 6000
www.vikingsplash.ie
Tickets € 20/18/16/12 (online bzw. im Dublin Tourism Centre in der Suffolk Street)
Stadtrundfahrten mit einem Amphibienfahrzeug, mit dem man auf der Straße und im Wasser fahren kann. Den Abschluss der Rundfahrt bildet deswegen eine 20-minütige Rundtour auf dem Grand Canal Harbour. Abfahrt der Touren: Stephens Green North, Nähe Grafton Street.

Einkaufen

The Dolls Store ➡ aC4
Powerscourt Townhouse Centre
59 South William St., Dublin 2
© (01) 478 3403, www.dollstore.ie
Mo–Do 11–17.30, Fr/Sa ab 10 Uhr
Alte Puppen, Puppen, die wie Babys aussehen, Puppen zum Selbermachen, große Puppen, kleine Puppen und sogar ein Puppenkrankenhaus, in dem Puppen repariert werden: Egal was man zum Thema Puppen sucht, hier findet man es. Und wenn man doch lieber Teddybären mag – auch diese Spezies »lebt« in diesem Laden zuhauf. ■

Erholung und Sport: Parks und Gärten, Spa, Golf, Sportstätten

Die alten gälischen Sportarten sind in Irland an der Spitze der Beliebtheitsskala: **Gaelic Football** und **Hurling** bei den Männern, **Camogie** bei den Frauen. Am besten, man besucht ein Spiel in **Croke Park** (www.crokepark.ie) ➡ C9, dem viertgrößten Stadion Europas. Im **Stadion in der Landsdowne Road** (www.lansdownerugby.com) ➡ G12 finden die großen Rugby- und auch die Fußballländerspiele statt. Unter »football« versteht man in Irland übrigens die gälische Version des Sports. Unser Fußball ist dort als »soccer« bekannt.

Für Touristen kaum nachvollziehbar ist die Faszination der Iren für den **Pferderennsport**. Die großen Rennen verfolgt fast die ganze (männliche) Bevölkerung. Ihr Interesse gilt dabei aber nicht nur den Pferden, sondern auch möglichen Wettgewinnen. Die bekannteste Rennbahn des Landes liegt in **Leopardstown** ➡ cC2 (www.leopardstown.com) am Stadtrand von Dublin.

Wie in England, sind auch in Irland **Greyhoundrennen** ungemein populär. Die beiden bekanntesten Rennbahnen der Stadt liegen in der **Harold's Cross Road** ➡ J7 und im **Shelbourne Park** ➡ F11/12.

Viele Dubliner zieht es in ihrer Freizeit ans Meer. Bei den niedrigen Wassertemperaturen wagen sich aber selbst im Sommer nur die härtesten in die Wellen. Populär ist dagegen **Segeln**. Wer Zeit hat und es sich leisten kann, sticht mit der eigenen Yacht in See.

Das Umland der Stadt bietet sich auch für ausgedehnte **Wandertouren** an. Besonders die **Wicklow Mountains** ➡ cD/cE1/2 im Süden Dublins sind ein beliebtes Ausflugsgebiet.

Ganz wichtig in Irland ist auch der **Golfsport**. Mehr als 450 Plätze gibt es im Land – viele davon auch in der näheren Umgebung Dublins. Rein statistisch ist der Abstand von einem Golfplatz zum nächsten nie größer als ein Kilometer!

Dublin ist, verglichen mit Berlin, Paris oder London, eine relativ kleine Hauptstadt, sodass man recht schnell die Stadt hinter sich lassen kann, um sich einen halben Tag in ⑨ **Howth** oder **Malahide** zu entspannen. Aber auch in der Innenstadt Dublins gibt es viele **grüne Oasen**, einige sind zwar klein, wie der Merrion Square oder Iveagh Gardens, aber für eine kurze Pause im Grünen durchaus ausreichend. Riesig ist der ⑧ **Phoenix Park,** der immerhin doppelt so groß ist wie alle Londoner Parks zusammengenommen und in dem es auch einige Sehenswürdigkeiten gibt. Auch an Teilen des **Grand Canal** führen ruhige Spazierwege entlang.

Parks und Gärten

Dublin Zoo
Vgl. S. 39, 68.

Garden of Remembrance
Vgl. S. 39.

Iveagh Gardens
Vgl. S. 39.

Merrion Square
Vgl. S. 39.

⑧ **Phoenix Park** ➡ bA–bC1–4
Phoenix Park, Dublin 8
Bus 37, 38, 39, 70, LUAS bis Heuston Station
✆ (01) 677 0095 (Park Visitor Centre), www.phoenixpark.ie
Eintritt frei

Mit mehr als 800 Hektar ist der Phoenix Park der größte eingezäunte Park Europas. Den Zaun braucht man u.a. deshalb, weil auf dem Gelände 300 Hirsche frei herumlaufen. Einst Jagdrevier des englischen Königs, ist der Park heute ein beliebtes Ausflugsziel der Dubliner. Sie joggen und skaten hier oder fahren Rad. Am Wochenende trifft man sich zum Picknick. Die größten Sehenswürdigkeiten im Park sind die Residenz des Staatspräsidenten und der Zoo.

Phoenix Park Fahrradverleih
➡ bC4
Gate Lodge, Chesterfield Avenue, Phoenix Park, Dublin 8
✆ (086) 265 6258
www.phoenixparkbikehire.com
Mit einem Fahrrad lässt sich der riesige Phoenix Park viel besser als zu Fuß erkunden. Wer auf der City Bus Tour ist, steigt an der Haltestelle Nr. 16 aus. Für 1/2/24 Stunde(n) kostet ein Fahrrad € 5/10/20.

St. Stephen's Green
Vgl. S. 39 f.

Spa

French Beauty
30 Castle St., Dublin 2
✆ (01) 675 2020
www.frenchbeauty.ie
Mitten im Herzen Dublins gelegen und hervorragend für einen Aufenthalt zwischendurch geeignet.

Golf

Elmgreen
Castleknock, Dublin 15
✆ (01) 820 0797
http://elmgreen.golfdublin.com
Der 1995 eröffnete Golfplatz liegt in einem Vorort von Dublin und erfreut sich bei Einheimischen großer Beliebtheit. Der 18-Loch-Platz kann auch von Gästen bespielt werden.

Sportstätten

Croke Park Stadium ➡ C9
Dublin 3
✆ (01) 819 2300
www.crokepark.ie
Das Stadium fasst mehr als 80 000 Zuschauer, hier gibt es die Möglichkeit beim Hurling und Gaelic Football zuzuschauen.

Leopardstown Racecourse ➡ cC2
Leopardstown, Dublin 18
✆ (01) 289 0500
www.leopardstown.com
Hier gibt es spannende Pferderennen zu sehen.

Shelbourne Park Stadium
➡ F11/12
Shelbourne Park, Dublin 4
✆ (01) 202 6606
Reservierungen ✆ 1890 269 969
www.shelbournepark.com
In diesem Stadium finden Hunderennen statt, ein bei den Dublinern beliebtes Freizeitvergnügen. ■

Gaelic Football im Croke Park Stadium

Daten zur Stadtgeschichte

Um 8000 v. Chr. Erste Besiedlungsspuren in dem Gebiet des heutigen Dublin.

Um 700 v. Chr Die Kelten besiedeln die Insel. Sie bringen die keltische Sprache mit.

140 n. Chr. Erste namentliche Erwähnung einer Siedlung im Raum Dublin durch den griechischen Kartographen Claudius Ptolemäus.

Um 430 Mit dem heiligen Patrick beginnt die Christianisierung Irlands. In der Nähe des heutigen Dublin werden die ersten Holzkirchen gebaut.

Um 840 Die Wikinger kommen nach Irland und gründen in der Nähe eines bereits bestehenden keltischen Dorfes eine Siedlung mit Namen An Dubh Linn.

902 Die Kelten besiegen und vertreiben die Wikinger, die jedoch schon 15 Jahre später wieder zurückkehren.

1014 Die Wikinger werden in der Schlacht von Clontarf bei Dublin besiegt.

1170/71 Der englische König Heinrich I. erobert mit seinem Normannenheer die Siedlung.

1172 Dublin erhält die Stadtrechte und wird Hauptstadt der »Lordschaft von Irland«.

1314 Bei einem Angriff der schottischen Armee werden die Außenbezirke der Stadt zerstört, Dublin wird jedoch nicht erobert.

1348 Eine große Pestepidemie sucht Dublin heim.

Das keltische Kreuz symbolisiert die vier Himmelsrichtungen und die vier Jahreszeiten

Mit St. Patrick beginnt die Christianisierung Irlands

Trinity College, die renommierte Universität der irischen Hauptstadt

1487	Im Laufe des Rosenkriegs besetzen französische Truppen die Stadt.
1534	Thomas Fitzgerald zettelt eine Revolte gegen England an. Heinrich VIII. lässt den Aufstand niederschlagen.
1541	Irland wird zum »Kingdom of Ireland« und der englische König Heinrich VIII. wird auch König von Irland.
1560	Königin Elisabeth I. erklärt Irland zu einem protestantischen Land – die katholische Mehrheit wird zunehmend unterdrückt. In der Folgezeit: häufige Aufstände, die immer wieder niedergeschlagen werden.
1592	Elisabeth I. gründet das Trinity College für Kinder des irischen Adels. Die jedoch schicken ihre Kinder zur Ausbildung lieber auf die katholischen Universitäten Europas.
1641	Tausende katholischer Rebellen fliehen aus Dublin, erstmals bilden dadurch die protestantischen englischen Einwanderer die Mehrheit in der Stadt.
1649	Erneut sucht eine große Pestepidemie Dublin heim.
1690	In der Schlacht von Boyne nördlich von Dublin verliert König James II. Krone und Land an William von Orange.
1695	Wilhelm III. führt die Strafgesetze ein, die den Katholiken u.a. verbieten öffentliche Ämter zu bekleiden.
Ab 1700	Das »Golden Age« beginnt – Dublin erlebt einen nie dagewesenen Aufschwung und floriert wirtschaftlich. Mehr als 60000 Einwohner leben nun in der Stadt. Dublin ist nach London die zweitgrößte Stadt des Britischen Empire. Die reichen Protestanten der Stadt lassen sich prächtige Villen bauen, die katholischen Bauern im Umland leben in Armut.
1765	Der Grand Canal wird angelegt.
1797/98	Ein Aufstand der »United Irishmen«, der das Ziel der Unabhängigkeit des Landes hatte, wird niedergeschlagen.
1801	Im »Act of Union« wird Irland mit dem Königreich Großbritannien vereinigt. Dublin wird Hauptsitz der britischen Verwaltung.

General Post Office: Schauplatz des Osteraufstands 1916

1803	Erneut erfolgloser Aufstand gegen die Briten.
1845–48	Große Hungersnot: Bis zu einer Million Iren sterben. Dublin erlebt trotzdem einen Bevölkerungszuwachs, denn wer nicht auswandern kann, versucht sein Glück in der Stadt. Der Ruf nach besseren Pachtrechten wird laut, der Widerstand gegen London wächst.
1867	Der Aufstand der »Irish Republican Brotherhood« gegen die Briten wird niedergeschlagen.
1916	Osteraufstand gegen die Briten. Die Aufständischen rufen die Irische Republik aus, werden aber nach sechs Tagen besiegt. Die Anführer der Aufständischen werden hingerichtet, 300 Menschen getötet und die Innenstadt Dublins verwüstet. Erst durch die übertriebene britische Reaktion provoziert, schlägt sich die Bevölkerung, die bis dahin wenig Interesse für die Rebellion zeigte, auf die Seite der Aufständischen.
1919–21	Der Unabhängigkeitskrieg endet mit dem Anglo-Irischen Vertrag und der Gründung des Freistaates Irland, sowie der Teilung der Insel. Irland erhält in dem Vertrag beschränkte Unabhängigkeit.
1922/23	Irischer Bürgerkrieg: Innerhalb der irischen Parteien kommt es zum Streit über den Anglo-Irischen Vertrag. Bald werden die Streitigkeiten auch mit Waffengewalt ausgefochten.
1937	Aus dem Freistaat Irland wird die Republik Irland. Der Einfluss der katholischen Kirche wird in der Verfassung festgeschrieben.
1939–45	Irland bleibt im Zweiten Weltkrieg neutral.
1941	Die Deutsche Luftwaffe bombardiert – aus Versehen – Dublin, 28 Menschen sterben.
1949	Irland tritt aus dem Commonwealth aus.

1966	Die IRA sprengt die Nelsonsäule in der O'Connell Street in die Luft.
1972	Aus Protest gegen den »Bloody Sunday« im nordirischen Derry, bei dem britische Truppen 14 unbewaffnete Demonstranten töten, wird in Dublin die Britische Botschaft in Brand gesteckt.
1973	EG-Beitritt Irlands.
1974	Bei einem Bombenanschlag nordirischer Terroristen werden in Dublin 25 Menschen getötet.
1991	Dublin wird europäische Kulturhauptstadt.
1995	Eine knappe Mehrheit der Bevölkerung spricht sich für das Recht auf Ehescheidung aus.
1999	Irland übernimmt den Euro als Währung.
2003	Anstelle der von der IRA gesprengten Nelsonsäule wird die 120 Meter hohe Metallnadel »The Spire« auf der O'Connell Street errichtet.
2005	Die IRA verpflichtet sich, den bewaffneten Kampf aufzugeben.
2004	In allen Pubs und öffentlichen Gebäuden wird Rauchverbot erlassen.
2007	Die Koalition aus Fianna Fail und den Progressiven Demokraten, die zehn Jahre das Land regiert hatte, schafft bei den Wahlen im Mai nicht mehr die erforderliche Mehrheit. Daraufhin treten erstmals in Irland auch die Grünen in die Regierung ein.
2008	Im Mai tritt Ministerpräsident Bertie Ahern zurück, nachdem ihm Bestechlichkeit vorgeworfen wurde. Sein Nachfolger wird Brian Cowen.
2008	Am 12. Juni lehnt die irische Bevölkerung in einem Referendum den EU-Reformvertrag von Lissabon, der im Jahr zuvor von den Staats- und Regierungschefs der 26 Mitgliedsländer unterzeichnet worden war und der am 1. Januar 2009 in Kraft treten sollte, ab.
2008–2012	Im Zusammenhang mit der weltweiten Immobilien- und Finanzkrise stürzt Irland in eine Rezession. Das Land entgeht nur knapp dem Staatsbankrott. ■

Eine in den Himmel ragende Harfe: Seit 2009 überspannt die Samuel Beckett Bridge des renommierten Architekten Santiago Calatrava den Fluss Liffey

Service von A–Z

Dublin in Zahlen und Fakten

Irischer Name: Bhaile Átha Cliath (auf Deutsch etwa: »Stadt an der Hürdenfurt«)
Einwohner im Stadtbereich: ca. 527 000
Einwohner im Großraum: ca. 1,2 Mio.
Fläche/Stadtgebiet: 118 km²
Fläche/Großraum Dublin: 922 km²
Höchstes Bauwerk: The Spire, 120 m

Das nationale Symbol Irlands ist das Kleeblatt (»Shamrock«)

Religion: protestantische Kirche 48,57 % – davon Presbyterian Church in Ireland 17,69 %, Church of Ireland (Anglikaner) 15,3 %, Methodist Church in Ireland 3,51 %; römisch-katholische Kirche 40,26 %
Wichtigste Wirtschaftszweige: Metallverarbeitung, Konsumgüterindustrie, Zukunftstechnologien, Dienstleistung
Tourismus: rund 3,5 Mio. Besucher im Jahr 2010

Anreise, Einreise

Zur Einreise nach Irland benötigen Deutsche einen Reisepass oder Personalausweis der bei Ein- und Ausreise gültig sein muss.

Mit dem Flugzeug

Dass Dublin als Reiseziel in den letzten Jahren immer populärer wurde, hat nicht zuletzt damit zu tun, dass die irische Hauptstadt ein wichtiges Ziel für viele Billig-

Anflug auf Dublin

flieger ist. Die Anreise dorthin ist also für wenig Geld möglich. In der Regel kann man ein Flugticket für unter 100 Euro bekommen.

Die Deutsche Lufthansa (www.lufthansa.de) fliegt **Dublin Airport** ➡ cB2 von Frankfurt aus an. Air Lingus (www.aerlingus.com) von Berlin, Düsseldorf, Frankfurt am Main, Hamburg, München und Stuttgart sowie von Wien und Zürich. RyanAir (www.ryanair.com) von Berlin, Frankfurt/Hahn und Memmingen (München). Mit Germanwings (www.germanwings.com) kommt man von Köln/Bonn, Berlin-Tegel, Leipzig, Halle, Dresden und Friedrichshafen aus in die irische Hauptstadt. Insbesondere bei den Billiganbietern ändern sich die Flugrouten häufig. Reisende sollten sich deswegen immer rechtzeitig informieren.

Es gibt einige Busverbindungen vom Flughafen in die Stadt, so: 747 (Heuston Rail Station–Dublin Airport), 16a (Dublin Airport–Ballenteer, Kensington), 102 (Sutton Station–Dublin Airport). Die einfache Fahrt kostet jeweils € 6/3.

Mit Auto und der Fähre

Die Fährschiffe der **Irish Ferries** (www.irishferries.com) bzw. der **Stena Line** (www.stenaline.co.uk) verkehren mehrmals täglich von Holyhead nach Dublin bzw. nach Dun Laoghaire.

Auskunft

Irland Information
Gutleutstr. 32
60329 Frankfurt am Main
✆ (069) 923 18 50
www.discoverireland.com/de
www.dublin.de

Discover Ireland Centre Dublin
➡ aB5
Suffolk St.
Dublin 2
✆ 1850 23 03 30, aus Deutschland:
✆ +353 (66) 979 20 83
www.visitdublin.com

Diplomatische Vertretungen

Deutsche Botschaft ➡ cC2
31 Trimleston Ave.
Booterstown
Co. Dublin
✆ (01) 269 3011
Fax (01) 269 3946
www.dublin.diplo.de
Mo/Di, Fr 8.30–11.30, Mi 8.30–11.30 und 13.30–15.30
Die Deutsche Botschaft befindet sich an der Grenze zum Vorort Dun Laoghaire.

Seit dem 17. Jahrhundert feiert Irland den St. Patrick's Day

Österreichische Botschaft ➜ cC2
15 Ailesbury Court Apartments 93
Ailesbury Rd., Dublin 4
✆ (01) 269 4577
Fax (01) 283 0860
www.bmeia.gv.at

Schweizer Botschaft ➜ cC2
6 Ailesbury Rd., Ballsbridge
Dublin 4
✆ (01) 218 6382
Fax (01) 283 0344
www.eda.admin.ch/dublin

Feiertage, Feste

Feiertage:

Neujahr
St. Patrick's Day (17. März)
Ostermontag
Maifeiertag (erster Mo im Mai)
Junifeiertag (erster Mo im Juni)
Augustfeiertag (erster Mo im August)
Oktoberfeiertag (letzter Mo im Oktober)
Weihnachten (25. und 26. Dezember)
Der **Karfreitag** ist kein offizieller Feiertag, doch die meisten Läden und Restaurants der Stadt sind geschlossen.

Feste:

Januar
Irish Champion Hurdles – eines der wichtigsten Pferderennen des Jahres in Leopardstown, Ende Januar. Für die pferde- und wettverrückten Iren sind große Pferderennen so wichtig wie ein Nationalfeiertag (www.leopardstown.com).
Februar
Six-Nations-Rugbyturnier – wichtiges Turnier zwischen Irland, England, Schottland, Wales, Frankreich und Italien. Wer die Spiele nicht im Stadion anschaut, ist auf jeden Fall im Pub dabei (www.rbs6nations.com).
Malahide Food and Drink Affair – Das kulinarische Festival findet Ende Februar statt.
März
St. Patrick's Day – Straßenumzug und Feierlichkeiten in der ganzen Stadt am 17. März.
April
Colours Boat Race – Ruderrennen auf der Liffey zwischen University College Dublin und Trinity College am ersten Aprilwochenende. Vergleichbar mit dem Rennen zwischen Cambridge und Oxford.

Bay Prawn Festival – Das Fest der Dublin Bay findet über Ostern in Howth statt.

Dublin Film Festival – Dritte Aprilwoche

Mai

May Day Parade – Am ersten Montag des Monats wird gefeiert und getrunken, und die Politiker halten Reden, denen keiner zuhört.

Laytown Beach Race – Pferderennen am Strand, Ende Mai/Anfang Juni (www.goracing.ie).

Docklands Maritime Festival – Straßenfest (www.ddda.ie/maritimefestival)

Juni

Music in the Park – Den ganzen Monat über Freiluftkonzerte in Dublins Parks.

Maracycle – Radrennen über die Strecke Dublin–Belfast–Dublin, Mitte Juni

Bloomsday – 16. Juni, Gedenktag, der an Leopold Bloom, die Hauptfigur aus »Ulysses« von James Joyce, erinnert. Für viele Dubliner besteht der Tag aus einem Kneipenbummel auf den Spuren des Dichters.

August

Summer Music Festival – Freiluftkonzerte zur Mittagszeit in St. Stephen's Green

Dublin Horse Show – Springreitturnier im RDS Ballsbridge (www.dublinhorseshow.com)

September

Liffey Swim – Schwimmwettbewerb zwischen Watling Street Bridge und Custom House, erster Samstag des Monats

Dublin Fringe Theater Festival – zweite und dritte Septemberwoche (www.fringefest.com)

All-Ireland Hurling Final, Croke Park, zweiter Sonntag im September

All-Ireland Football Final – Vierter Sonntag, Croke Park. Hurling und Gälischer Fußball sind die beiden uririschen Sportarten. Die alljährlichen Finals sind das wichtigste Sportereignis des Jahres (www.gaa.ie).

Oktober

Dublin Theater Festival – in den ersten beiden Oktoberwochen (www.dublin theatrefestival.com)

Dublin City Marathon – letzter Montag im Oktober (www.dublin marathon.ie)

31. Oktober/Halloween – Eigentlich in Irland erfunden, wird Halloween inzwischen auch im deutschsprachigen Raum populär.

November

Opera Ireland – Opernfestival im Gaiety Theatre (www.operaire land.ie)

Dezember

St. Stephen's Day – Die »Wren Boys«, als Schornsteinfeger verkleidete Sänger, ziehen am 26. Dezember von Haus zu Haus.

Leopardstown Races – das größte Pferderennen Irlands, 26.–29. Dezember (www.leopardstown.com)

Geld, Banken, Kreditkarten

Irland hat den Euro als Währung eingeführt. Die meisten Banken verfügen über Bankautomaten, bei denen man mit Visa, Mastercard und EC-Karte Geld abheben kann. Die Banken sind von montags bis freitags von 9.30 oder 10 bis 17 Uhr, oft auch samstagvormittags geöffnet. Mittags sind sie häufig für eine Stunde geschlossen. Visa-, Mastercard- und (meist auch) American Express-Kreditkarten werden in vielen Geschäften und Restaurants akzeptiert.

2005 wurde in Deutschland eine einheitliche **Notrufnummer zum Sperren** von Kredit-, Maestro- oder Mobilfunkkarten eingerichtet. Bei Verlust oder Diebstahl wendet man sich an: ✆ +49 116 116, www.sperr-notruf.de

1-Cent-Münze mit der irischen Harfe

Hinweise für Menschen mit Behinderungen

Wenig behindertenfreundlich ist der öffentliche Nahverkehr in Dublin. Nur wenige Busse sind mit absenkbaren Böden ausgestattet. Es ist auch nicht vorgesehen, dass die Fahrer beim Einstieg helfen. Ein Unterkunftsverzeichnis für Hotels und B & Bs mit verbindlich festgelegten, behindertengerechten Standards erhält man bei der Irland Information in Frankfurt am Main. Weitere Infos bei:

National Disability Authority
➡ H10
Access Department
25 Clyde Rd., Dublin 4
✆ (01) 608 0400, www.nda.ie

Internet

Im Internet findet man zahlreiche Seiten über Irland bzw. Dublin. Ausgezeichnet ist die Seite www.dublin.de. Dort kann man sich auch für den regelmäßigen kostenlosen Newsletter registrieren. Die offizielle Webseite der Stadt Dublin erreicht man unter www.dublin.ie. Infos zu Dublin findet man auch auf den Seiten von Tourism Ireland: www.discoverireland.com/de

Internetcafés:

– **Net-cafe** ➡ J8
211 Lower Rathmines

– **New World Ireland** ➡ C7
3 Blessington St.

– **Central Cyber Café** ➡ aC5
6 Grafton St.

– **Easy Access Cyber Café** ➡ aA3
16 Capel St.

– **Global Internet Café** ➡ E8
8 Lower O'Connell St.

Klima, Reisezeit, Kleidung

Der Golfstrom beeinflusst das irische Wetter, das deswegen erfreulicherweise relativ mild ist. Allerdings ist es extrem wechselhaft und regnerisch. Für irische Verhältnisse liegt Dublin aber in einem regelrechten Trockengebiet, denn im Osten des Landes sind die Niederschläge wesentlich geringer als im Westen.

Das zweite typische Wetterphänomen Irlands ist Wind – der nicht

Farbenfroh: Howth Marina

selten zum Sturm auffrischt. Regenschirme nützen dann nichts mehr, dann muss wetterfeste Funktionskleidung her. An einem Tag kann man in Irland durchaus vier Jahreszeiten durchlaufen, wenn der Morgen verregnet ist, kann es sein, dass man sein Bier trotzdem in der Abendsonne einnehmen kann. Umgekehrt verspricht ein sonniger Morgen aber nicht zwangsweise einen ebensolchen Tag. Bei der Kleiderwahl sollte man dies berücksichtigen – eine leichte Regenjacke gehört immer ins Gepäck.

Im Sommer bleiben die Temperaturen unter denen, die man in Deutschland gewöhnt ist, im Winter ist es dagegen in Irland wärmer als hierzulande – Schnee ist die Ausnahme. Die beste Reisezeit ist zwischen Mai und September.

Medizinische Versorgung

Mit der **EHIC** (European Health Insurance Card), die man bei der Krankenkasse erhält, hat man denselben Anspruch auf medizinische Leistungen wie jeder Ire. Dennoch ist der Abschluss einer privaten **Auslandskrankenversicherung** immer zu empfehlen. Diese Versicherungen sind bereits ab zehn Euro pro Person zu haben.

Die medizinische Versorgung in Irland ist ausgezeichnet. Arzneimittel sind verschreibungspflichtig und in den meisten Apotheken kostenlos erhältlich. Wer regelmäßig Medikamente einnehmen muss, sollte sie dennoch aus der Heimat mitnehmen.

Notfälle, wichtige Rufnummern

Kostenfreier **Notruf** für Polizei, Feuerwehr und Krankenwagen: ✆ 112 oder 999

Notruf bei Autopannen: Automobile Association (AA)
✆ 1800667788
Irish Tourist Assistance Service: 6–7 Hanover Street East, Dublin 2, ✆ (01) 661 0562, www.itas.ie. Die Organisation besteht zum Großteil aus Freiwilligen und hilft Touristen, die während ihres Urlaubs in Irland Opfer eines Verbrechens wurden.
Zentrale Nummer für die Sperrung von Geld- und Kreditkarten:
✆ + 49116116.

Vorwahl Irland: +353
Vorwahl Dublin: 01
Vorwahl Deutschland: +49
Vorwahl Österreich ✆ +43
Vorwahl Schweiz ✆ +41

Post, Briefmarken

Die Gebühren für Briefe und Postkarten sind in Irland gleich hoch. Für die Beförderung im Inland bezahlt man 55 Cent, für den Versand in EU-Länder 82 Cent. Die Postämter sind in der Regel Mo bis Fr 9—17.30 Uhr, meist mit einer Stunde Mittagspause, und Sa 9–12.30 Uhr geöffnet. Das **Hauptpostamt** in der O'Connell St. ➡ aA4 ist Mo–Sa 8–20 Uhr geöffnet (www.anpost.ie).

Presse, TV

Die wichtigsten irischen Tageszeitungen sind: **The Irish Times** und **The Independent**. Veranstaltungshinweise und Berichte zum Kulturleben der Stadt findet man in **Day & Night**, der Beilage des Independent, **The Ticket** der Beilage der Irish Times und den Stadtmagazinen **Totally Dublin** und **In Dublin**.

Neben den staatlichen Fernsehkanälen **RTÉ1** und **RTÉ2** gibt es noch die privaten Sender **TG 4** und **TV 3**. Nur über Kabel ist **Channel 3e** zu empfangen. Auch der nordirische Sender **UTV** und die Fernsehkanäle aus Großbritannien können gesehen werden.

Rauchen

Seit 2004 gilt auch in Irlands Pubs, Restaurants und öffentlichen Verkehrsmitteln ein Rauchverbot. Raucher treffen sich vor den Pubs und Restaurants auf dem Bürgersteig.

Sicherheit

Dublin ist keine Stadt, in der man um Leib und Leben oder Hab und Gut fürchten muss. Taschendiebe sind aber besonders im Gewühl der Einkaufsstraßen durchaus aktiv. Etwas Vorsicht ist also angebracht. Sollte man Opfer oder Zeuge eines Vergehens werden, sofort die irische Polizei, die Garda, verständigen. Entweder unter ✆ 999 oder ✆ 112.

Sightseeing, Touren

Stadtrundfahren im offenen Doppeldeckerbus bieten die städtischen Busbetriebe ebenso an wie einige private Anbieter. Einfach an einer der vielen Haltestellen einsteigen und los geht's.

Die städtischen Busbetriebe (www.dublinbus.ie) bieten zudem ein »Freedom-Ticket« für drei Tage an: Erwachsene zahlen € 28, Kinder € 14 (s. S. 84).

Der Hop-on-Hop-off-Bus fährt zwischen 9 und 17 Uhr alle 10 bis 15 Minuten. Er hält auf seiner Rundtour an 24 Haltestellen und passiert fast alle Dubliner Sehenswürdigkeiten. Das 48-Stunden-Ticket kostet für Erwachsene € 18, für Kinder € 8, ermäßigt € 16 (zurzeit 20 Prozent bei Onlinebuchung).

Neu und kostenlos im Internet: **iWalks** – Hör-Spaziergänge für den MP3-Player. Mehr Info und die Downloads unter: www.visitdublin.com.

Viking Splash Tours ➡ aC3
Vgl. S. 69.

Dublin Literary Pub Crawl ➡ aB5
1 Suffolk St.
Dublin 2
✆ (01) 670 5602
Buchung ✆ (0) 87 263 0270
www.dublinpubcrawl.com
Tickets € 13
Stadtführung auf den Spuren der (trinkfesten) Dubliner Dichter und Schriftsteller. Unterwegs zitieren Schauspieler aus deren Werken.

Sightseeing auf dem Campus des Trinity College

Traditional Irish Musical Pub Crawl ➡ aC4
57 Fleet Street, Dublin 2
✆ (01) 475 3313
www.discoverdublin.ie
Tickets € 12/10
Von Pub zu Pub führt dieser Stadtspaziergang, bei dem man mehr über irische Musik erfährt. Ausgebildete Musiker übernehmen die Führung und geben auch Kostproben ihres Könnens.

Historical Walking Tours of Dublin ➡ aB5
Trinity College 2, Haupteingang
Dublin 2
✆ (01) 87 688 9412
www.historicalinsights.ie
Tickets €12/10, unter 14 Jahren frei
Gleichzeitig Stadtwanderung und Spaziergang durch die irische Geschichte. Man besucht die Schauplätze wichtiger historischer Ereignisse und erfährt Hintergründe zu wichtigen Gegebenheiten.

The Historical Walking Tour of Temple Bar ➡ aB4
Temple Bar Information Centre
12 East Essex St., Dublin 2
✆ (01) 677 2397
Tickets € 10,95
Unterhaltsame Rundtour, die sich mit der Geschichte des wohl bekanntesten Stadtteils von Dublin befasst.

Strom

Die Stromspannung beträgt 220 Volt Wechselstrom. Die bei uns üblichen Stecker passen aber nicht in die dreipoligen Steckdosen. Die meisten Hotels stellen ihren Gästen kostenlos Adapter zur Verfügung.

Telefonieren

Telefonkarten für öffentliche Telefone erhält man bei der Post und in vielen Zeitungsläden. Alle Telefonzellen haben eine eigene Nummer, unter der man sich zurückrufen lassen kann. Mobiltelefone sind weit verbreitet, nicht alle deutschen Anbieter haben aber ein Roamingabkommen mit einer irischen Gesellschaft abgeschlossen. Wer sichergehen will, dass er auf der Insel erreicht werden kann, sollte sich vor der Abreise bei seinem Provider informieren.

Die Ländervorwahl für die Republik Irland ist +353 (die 0 vor der Ortsvorwahl entfällt). Die Landesvorwahlen für Anrufe nach Hause sind: Deutschland: +49, Österreich: +43 und die Schweiz +41.

Trinkgeld

Im Restaurant gibt man in der Regel zehn Prozent des Preises als Trinkgeld. Bevor man das tut, sollte man aber einen Blick auf die Rechnung werfen. Vielerorts ist das Trinkgeld nämlich schon im Rechnungsbetrag enthalten. Taxifahrer erhalten ebenfalls rund zehn Prozent. Kein Trinkgeld gibt man dagegen dem Barpersonal im Pub.

Verkehrsmittel, Parken

Dublin hat ein sehr gut ausgebautes öffentliches Verkehrsnetz. Da die Hauptlast des Transports auf dem Busverkehr lastet, steckt man auf vielen Strecken im Stau. Als Tourist sollte man deswegen die Rushhour meiden. Der **Hauptumsteigebahnhof** liegt in der

Irish »Standing in line«

O'Connell Street beim General Post Office. Seit 2004 gibt es auch zwei **Straßenbahnlinien (LUAS).** Die Red Line verkehrt von The Point nach Tallaght/Saggart und die Green Line von St. Stephen's Green nach Brides Glen. Die **Vorortbahn DART** verbindet Howth im Norden und Bray im Süden und durchquert dabei auch das Stadtzentrum. Sie ist die schnellste und bequemste Verbindung ins Umland (Plan vgl. Umschlaginnenseite).

Die **Busse** fahren werktags von 6 bis 23.30 Uhr. Ab 0.30 Uhr verkehren am Donnerstag, Freitag und Samstag auf einem beschränkten Routennetz Nachtbusse. Der Preis für ein Busticket beträgt im innersten Stadtzentrum € 0,65 und sonst je nach Streckenlänge zwischen € 1,65 und € 4,40 (Ermäßigung für Jugendliche bis 16 Jahren). Nachtbusse sind teurer. Wechselgeld wird im Bus nicht gegeben. Wer zu viel zahlt, bekommt vom Busfahrer ein »Überzahlticket«, das er dann im Dubliner Bus-Informationsbüro in Bargeld tauschen kann. Das ist umständlich und zeitaufwendig.

Eine gute Möglichkeit zum Sightseeing bietet der **Hop-on-Hop-off-Bus** (s. S. 82).

Wer viel fährt, für den lohnt sich vielleicht ein **Tagesticket** (»Rambler«). Es wird für € 6,40 verkauft. 3- bzw. 5-Tage-Tickets sind für € 14,20 bzw. 23 zu haben. Für Nachtbusse, LUAS und DART gelten diese Tickets aber nicht. Um das Tarifdurcheinander noch zu vergrößern, gibt es auch ein **3-Day Freedom Ticket.** Das beinhaltet zu einem Preis von € 28/14 (Online-Ermäßigung) zusätzlich zum Bustransport auch Stadtrundfahrten mit dem offenen Doppeldeckerbus sowie Fahrten mit dem Nachtbus und dem Flughafenbus.

Wer viele Sehenswürdigkeiten besuchen will, für den lohnt eventuell der **Dublin Pass.** Er berechtigt neben dem kostenlosen Transfer vom Flughafen in die Stadt, auch zu freiem Eintritt in fast alle Sehenswürdigkeiten Dublins. Den Pass gibt es für 1, 2, 3 und 6 Tage und er kostet € 35, 55, 65 bzw. 95.

Infos beim Dubliner Bus-Informationsbüro in der Upper O'Connell St. 59, ✆ (01) 873 4222, www.dublinbus.ie.

Wer nicht auf den öffentlichen Nahverkehr ausweichen will, dem bleiben **Taxis.** Eine Taxifahrt kostet in Dublin etwa so viel wie bei uns – ebenso wie bei uns, werden nachts und am Wochenende teilweise üppige Zuschläge fällig. Und: Wer freitags und samstags nach Kneipenschluss ein Taxi herbeiwinken will, braucht schon etwas Glück oder viel Geduld.

Eine Fahrt vom Dubliner Flughafen in die Innenstadt kostet rund € 30.

Bei Beschwerden über einen schlechten Taxiservice wenden Sie sich bitte an die Taxiaufsicht: ✆ +(01) 879 8300, www.taxiregulator.ie.

Rings um das Stadtzentrum gibt es zahlreiche »Car Parks«, gebührenpflichtige **Parkplätze.** In der Innenstadt sind Parkscheine Pflicht, Tickets gibt es an den Parkscheinautomaten. Fahrzeuge ohne Parkschein werden mit Krallen festgesetzt und mit hohen Geldstrafen belegt.

Zeitzone

In Irland gilt die *Greenwich Mean Time* (GMT), das bedeutet, dass Besucher aus Kontinentaleuropa die Uhren um eine Stunde zurückstellen müssen. Mit Beginn der Sommerzeit werden die Uhren auch in Irland Ende März eine Stunde vor und Ende Oktober wieder zurückgestellt. Durch diese Umstellung differiert die Uhrzeit ganzjährig um eine Stunde.

Zoll

Da Irland Mitglied der Europäischen Union ist, dürfen Alkohol und Tabak zum privaten Gebrauch zollfrei eingeführt werden. Als Richtwerte gelten dabei etwa 800 Zigaretten oder 400 Zigarillos, 200 Zigarren, 1 kg Tabak, 10 Liter Schnaps, 10 Liter alkoholhaltige Süßgetränke (Alkopops), 20 Liter Zwischenerzeugnisse (z.B. Campari, Portwein, Sherry) sowie 90 Liter Wein (davon höchstens 60 Liter Schaumwein/Sekt) und 110 Liter Bier.

Für Schweizer gelten folgende Grenzwerte: 200 Zigaretten oder 100 Zigarillos oder 50 Zigarren oder 250 g Tabak, 1 Liter Spirituosen oder 2 Liter Sherry bzw. ähnliche Getränke sowie 2 Liter Wein. ■

Kanalfahrt auf dem Grand Canal

Sprachführer

Alltag/Umgangsformen

In Irland wird zwar auch Englisch gesprochen – allerdings eine besondere Form desselben. »Hiberno-Englisch« sagen die Fachleute dazu. Dieses irische Englisch verwendet einige vom Englischen abweichende Wörter und auch die Grammatik unterscheidet sich in manchen Fällen. Für Touristen hat das aber eine relativ geringe Bedeutung.

Wer sich von seinem Englischlehrer wegen der Aussprache des *th* ärgern lassen musste, wurde umsonst gequält – im irischen Englisch wird aus den zischenden *tiaitsch* nämlich wieder ein *t*.

Guten Morgen!	*(Good) morning!*
Guten Abend!	*(Good) evening!*
Gute Nacht!	*(Good) night!*
Guten Tag!	*Hello!*
Hallo!	*Hi!*
Wie geht es dir/ Ihnen?	*How are you?*
Auf Wiedersehen!	*Goodbye!*
Tschüss!	*Bye!/See you!*
Bis bald!	*See you soon!*
Bis morgen!	*See you tomorrow!*
Schön, dich kennen gelernt zu haben.	*It was nice meeting you.*
ja/ nein/ vielleicht	*yes/no/maybe, perhaps*
Ich heiße	*My name is …*
Wie heißt du?	*What's your name?*
Entschuldigung!	*Excuse me! (I'm) Sorry!*
Danke.	*Thank you./ Thanks.*
Bitte schön!/Keine Ursache!	*You're welcome!*

Falls Sie nicht alles verstehen (zugegeben: die Iren sprechen manchmal ganz schön schnell), können Sie sagen: *I didn't understand that. Could you speak a bit more slowly, please?* Wenn auch das nichts hilft, bleibt noch die Möglichkeit, sich das Gesagte aufschreiben zu lassen: *Could you write it down for me, please?*

Autofahren

Sollten Sie mit dem Auto unterwegs sein, können Sie die folgenden Vokabeln sicher gut gebrauchen, an jeder Tankstelle und im alltäglichen Straßenverkehr. Und falls Sie mal eine Werkstatt nötig haben.

Ich möchte ein Auto mieten.	*I'd like to hire a car.*
Geländewagen	*four-wheel drive*
Motorrad	*motorbike*
Wohnmobil	*motor caravan/ camper van*
Mein Auto ist aufgebrochen worden.	*My car has been broken into.*
Bitte geben Sie mir Ihren Namen und Ihre Adresse.	*Could you give me your name and address, please.*
Sie sind zu schnell gefahren.	*You were driving too fast.*
Führerschein	*driving licence*
Ihre Papiere, bitte.	*Could I see your driving licence and insurance, please.*
Meilen/h	*miles per hour.*
Autobahn	*motorway*
Parkplatz	*car park, parking space*
Parkuhr	*parking meter*
Parkscheinautomat	*pay and display machines*
Sicherheitsgurt	*seat belt*
Tankstelle	*petrol station*
Benzin	*petrol*
bleifrei	*unleaded*
Diesel	*diesel*
Super verbleit	*four-star*
Bitte volltanken.	*Full, please.*
Machen Sie bitte einen Ölwechsel.	*Could you do an oil change, please?*
fahren	*to drive*
abschleppen	*to tow away*
reparieren	*to repair*
überqueren	*to cross*
Stadtplan	*map of the town/ city*
Sicherheit	*security/safety*
Stau	*traffic jam*

Road signs	**Straßenschilder**
diversion	Umleitung
dead-end	Sackgasse
no parking	Parkverbot
danger	Gefahr

In der Werkstatt	***In the garage***
Ich habe einen Unfall gehabt.	*I've had an accident.*
Könnten Sie meinen Wagen abschleppen?	*Could you tow my car away?*
Mein Auto springt nicht an.	*My car won't start.*
Die Batterie ist leer.	*The battery's flat.*
Die Bremse ist defekt.	*The brake's broken.*
Der Motor klingt seltsam.	*The engine sounds funny.*
Wann wird der Wagen fertig sein?	*When will the car be ready?*
Getriebe	*gears, gearbox*
Zündkerze	*spark plug*
Kotflügel	*wing, mudguard*
Vergaser	*carburettor*
Blinker	*flashing lights*
Reifen	*tyre*
Reifendruck	*tyre pressure*
Anlasser	*starter*
Scheibenwischer	*windscreen wipers*
Lichtmaschine	*dynamo*
Scheinwerfer	*headlights*
Kühler	*radiator*

Einkaufen

Was kostet/kosten ...?	*How much is/are ...?*
Geld	*money*
Kasse	*cash desk*
ausgeben	*to spend*
bezahlen	*to pay*
verkaufen	*to sell*
Sonderangebot	*special offer*
Etwas weniger, bitte.	*A bit less, please.*
Etwas mehr, bitte.	*A bit more, please.*
größer/kleiner	*bigger/smaller*
Wo bekomme ich ...?	*Where can I get ...?*
Ich hätte gerne	*I'd like ...*
Geben Sie mir bitte eine Packung...	*Could I have a package of ...?*
Zeigen Sie mir bitte ...	Could you show me ...
Kann ich das anprobieren?	*Could I try this on?*
Wo sind die Umkleidekabinen?	*Where are the fitting rooms?*
Kann ich mit Kreditkarte zahlen?	*Can I pay with redit card?*
zu teuer	*too expensive*
billig	*cheap*
Haben Sie das noch in einer anderen Größe?	*Which other sizes do you have?*
Ich habe Größe	*I'm (continental) size ...*
Ausverkauf	*sales*
Hemd	*shirt*
Hose	*trousers*
Jeans	*a pair of jeans*
ein Paar Schuhe	*a pair of shoes*
Mantel	*coat*
Rock	*skirt*
Kleid/Kostüm	*dress/suit*
Strumpfhose	*tights*
Strümpfe	*stockings*
Sakko	*(sports) jacket*
Jacke	*jacket*
Halstuch	*scarf*
Pullover	*sweater*

Farben und Muster	***Colours and patterns***
beige	*beige*
blau	*blue*
braun	*brown*
gelb	*yellow*
rot	*red*
grün	*green*
schwarz	*black*
weiß	*white*
grau	*grey*
einfarbig	*plain*
bunt	*colourful*
gemustert	*patterned*
kariert	*checked*
gestreift	*striped*

Essen und Trinken

Frühstück	*breakfast*
Mittagessen	*lunch*
Abendessen	*dinner*

Geschäfte	***Shops***
Bäckerei	*bakery*
Süßwarenladen	*sweet shop*
Fleischerei	*butcher('s shop)*
Markt	*market*
Gemüsehändler	*greengrocer*
Obstgeschäft	*fruitseller*
Supermarkt	*supermarket*

Im Restaurant	***In a restaurant***
Wo gibt es hier in der Nähe ein gutes Restaurant?	*Is there a good restaurant around here?*
Ich möchte einen Tisch für zwei Personen um acht Uhr reservieren.	*I'd like to reserve a table for two for eight o'clock.*
Die Karte bitte.	*Could I have the menu, please?*
Getränkekarte	*drinks menu*
Was empfehlen Sie mir?	*What can you recommend?*

Haben Sie vegetarische Gerichte?	*Do you serve vegetarian dishes?*
Ich möchte ein Bier, bitte.	*I'll have a beer, please.*
Ich möchte eine Flasche/ein Glas Rotwein.	*I'll have a bottle/a glass of red wine.*

Im Englischen ist es übrigens nicht üblich, sich vor dem Essen einen »Guten Appetit« zu wünschen, bisweilen hört man aber dennoch ein *Bon appétit* oder ein *Enjoy your meal*.

Zum Wohl!	*Cheers!*
Ich möchte zahlen, bitte.	*Could I have the bill, please?*
Ich möchte eine Quittung.	*Could I have a receipt?*
Hat es Ihnen geschmeckt?	*Did you enjoy it?*
Danke, sehr gut.	*It was delicious, thank you.*
Trinkgeld	*tip*
essen	*to eat*
trinken	*to drink*
stilles Mineralwasser	*still mineral water*
Mineralwasser mit Kohlensäure	*sparkling mineral water*
Hauswein	*house wine*
Bier	*beer*
helles Bier	*lager*
dunkles Bier	*stout*
Saft	*juice*

Fish and seafood	**Fisch und Meeresfrüchte**
mussels	Muscheln
shellfish	Schalentiere
calamari	fritierte Tintenfischringe
lobster	Hummer
crayfish	Flusskrebs
king prawn	Riesengarnele
shrimps	Garnelen
crabs	Krabben
oysters	Austern
anchovies	Sardellen
tuna	Tunfisch
bass	Seebarsch
eel	Aal
trout	Forelle
sardines	Sardinen
salmon	Lachs
Dover sole	Seezunge
fish fingers	Fischstäbchen
kedgeree	Reis mit Fisch und hartgekochten Eiern
plaice mornay	mit Käse überbackene Scholle
fish and chips	Frittierte Fischstücke mit Pommes frites, legendär!

Meat dishes	**Fleischgerichte**
pork	Schwein
fillet of pork	Schweinefilet
hare	Hasenbraten
rabbit	Kaninchen
cutlet	Kotelett
escalope	Kalbsschnitzel
lamb	Lamm
leg of lamb	Lammkeule
beef	Rindfleisch
veal	Kalbfleisch
game	Wild
roast beef	Rinderbraten
stew	Fleischeintopf
hot pot	Eintopf mit Fleisch und Kartoffeln
Irish stew	Eintopf mit Hammelfleisch, Kartoffeln und Zwiebeln
ham and eggs	Spiegeleier mit Schinken
cottage pie	Fleischwürfel mit Soße, mit Kartoffelbreihaube überbacken
rissole	Frikadelle
meat balls	Fleischklößchen
minced meat	Hackfleisch
sausages	Würstchen
ham	Schinken
boiled/raw ham	gekochter/roher Schinken

Poultry	**Geflügel**
chicken	Hähnchen, Huhn
chicken breasts/leg	Hühnerbrust/-keule
chicken wings	marinierte Hühnerflügel
chicken in the basket	paniertes halbes Hähnchen mit Pommes frites in einem Körbchen
duck	Ente
goose	Gans
turkey	Truthahn, Pute
quail	Wachtel

Vegetables	**Gemüse**
asparagus	Spargel
spinach	Spinat
cabbage	Kohl
beans	Bohnen
peas	Erbsen
potatoes	Kartoffeln
salad	Salat
tomato	Tomate
cucumber	Gurke
cauliflower	Blumenkohl
mushrooms	Pilze
onion	Zwiebel
pumpkin	Kürbis
maize	Mais
maize cob	Maiskolben
coleslaw	Krautsalat
carrots	Möhren

Fruits	**Obst**
pineapple	Ananas
apple	Apfel
pear	Birne
strawberries	Erdbeeren
raspberries	Himbeeren
cherries	Kirschen
melon	Melone
peach	Pfirsich
banana	Banane
lemon	Zitrone
orange	Orange
grapes	Weintrauben
dried fruit	getrocknetes Obst

Side dishes	**Beilagen**
boiled rice	gekochter Reis
brown, wild rice	Natur-Wildreis
baked potatoe	gebackene Kartoffel
French fries, chips	Pommes frites
duchess potatoes	überbackener Kartoffelbrei
fried potatoes	Bratkartoffeln
mashed potatoes	Kartoffelbrei
potato fritters	Kartoffelkuchen
sweet potatoes	Süßkartoffeln
dumplings	Knödel
noodles/pasta	Nudeln

Ways of cooking	**Zubereitungsarten**
baked	gebacken
barbecued	gegrillt
boiled	gekocht
braised	geschmort
steamed	gedämpft
deep-fried	frittiert
fried	gebraten
medium	medium
rare	englisch, blutig
well done	durchgebraten

What else?	**Was es sonst noch gibt**
milk	*Milch*
skimmed milk	*fettarme Milch*
cream	*Sahne*
cheese	*Käse*
porridge	*Haferbrei*
eggs	*Eier*
butter	*Butter*
spices	*Gewürze*
garlic	*Knoblauch*
salt	*Salz*
pepper	*Pfeffer*
chillis	*Peperoni*
ginger	*Ingwer*
horse radish	*Meerettich*
sugar	*Zucker*
vinegar	*Essig*
olive oil	*Olivenöl*
honey	*Honig*
coffee	*Kaffee*
decaffeinated coffee, decaf	*koffeinfreier Kaffee*
ice cream	*Eis*
soup	*Suppe*

At the bakery	**Beim Bäcker**
bread	Brot
sandwich	belegtes Brot
white bread	Weißbrot
wholemeal bread	Brot aus Vollkornmehl
roll	Brötchen
muffin	süßes Gebäck
donut, doughnut	süßer Hefeteigring, fritiert
bagel	ringförmiges Gebäck aus Hefeteig
cake	Kuchen
biscuits	Kekse

Kosmetik/Geld/Post/Presse/Verkehrsmittel

In der Drogerie	***At the chemist***
Zahnbürste	*toothbrush*
Zahnpasta	*toothpaste*
Rasiercreme	*shaving cream*
Rasierklinge	*razor-blade*
Haarshampoo	*shampoo*
Bürste	*brush*
Kamm	*comb*
Seife	*soap*
Fön	*hair dryer*
Papiertaschentücher	*handkerchiefs, tissues*
Sonnenöl	*suntan oil*
Mückenschutz	*mosquito repellent*

In der Bank	***At the bank***
Entschuldigen Sie bitte, wo ist hier eine Bank?	*Excuse me, is there a bank around here?*
Wo kann ich Geld wechseln?	*Where can I change some money?*
Ich möchte einen Reisescheck einlösen.	*I'd like to cash a traveller's cheque.*
Bargeld	*cash*
Geldautomat	*cash dispenser*
Höchstbetrag	*maximum amount/limit*
Kreditkarte	*credit card*
Überweisung	*transfer*
Unterschrift	*signature*
unterschreiben	*to sign*
Währung	*currency*
Schalter	*counter*
abheben	*to withdraw*

Post	***At the post office***
Was kostet eine Postkarte nach Deutschland?	*How much is a postcard to Germany?*
Absender	*sender*
verschicken	*to send*
Empfänger	*addressee*
Paket	*parcel*
Briefmarken	*stamps*
Briefumschlag	*envelope*

Presse	***At the newspaper shop***
Zeitung	*newspaper*
Zeitschrift	*magazine*
Ich hätte gerne eine deutsche Zeitung.	*I'd like a German newspaper.*

Verkehrsmittel	***Means of transport***
Zug	*train*
umsteigen	*to change trains*
Bahnhof	*station*
Bus	*bus*
Flugzeug	*airplane*
Flughafen	*airport*
Abflug	*take-off*
fliegen	*to fly*
buchen	*to book*
Schiff	*ship*
Hafen	*port, harbour*
Fähre	*ferry*
Abfahrt	*departure*
Ankunft	*arrival*
Fahrplan	*timetable*
Zuschlag	*extra charge*
Gepäck	*luggage, baggage*
Verspätung	*delay*

Beim Arzt — *At the doctor*

praktischer Arzt, Allgemeinarzt	*general practitioner (GP)*
Zahnarzt	*dentist*
Mein Mann/meine Frau ist krank.	*My husband/my wife is sick.*
Ich habe mir den Magen verdorben.	*My stomach is upset.*
Ich habe mich übergeben.	*I've been vomiting.*
Ich bin stark erkältet.	*I've got a bad cold.*
Ich bin im … Monat schwanger.	*I'm … months pregnant.*
Ich habe einen hohen/niedrigen Blutdruck.	*I've got high/low blood pressure.*
Hier habe ich Schmerzen.	*It hurts here.*
Ich bin gestürzt.	*I've had a fall.*
Können Sie mir ein Rezept ausstellen?	*Can you give me a prescription?*
Mein … tut weh.	*My … hurts.*
Mund	*mouth*
Arm	*arm*
Knöchel	*ankle*
Herz	*heart*
Zahn	*tooth*
Knie	*knee*
Bein	*leg*
Hand	*hand*
Auge	*eye*
Hals	*throat*
Nase	*nose*
Ohr	*ear*
Haut	*skin*
Fuß	*foot*
Kopf	*head*
Rücken	*back*
Durchfall	*diarrhoea*
Übelkeit	*nausea*
Husten	*cough*
Kopfschmerzen	*headache*
Hexenschuss	*lumbago*
Sonnenbrand	*sunburn*
Schwindel	*dizziness*
Heuschnupfen	*hay fever*
Grippe	*flu, influenza*
Salbe	*ointment*
Wundsalbe	*antiseptic ointment*
Tablette	*pill, tablet*
Schlaftabletten	*sleeping pills*
Tropfen	*drops*
Schmerzmittel	*painkiller*
Verbandszeug	*dressing material*
Kohletabletten	*charcoal tablets*
Pflaster	*plaster*

Wo? Wie? Was? – Orientierung

Entschuldigung, wo ist …?	*Excuse me, where's …?*
Wie komme ich nach …?	*How do I get to …?*
Ist das die Straße nach …?	*Is this the road to …?*
geradeaus	*straight ahead*
nach rechts	*(to the) right*
nach links	*(to the) left*
Überqueren Sie die Brücke.	*Cross the bridge.*

Sehenswürdigkeiten — *Sights*

Führung	*guided tour*
Brücke	*bridge*
Schloss	*castle, palace*
Schatzkammer	*treasury*
Turm	*tower*
Denkmal	*monument*
Fluss	*river*
Brunnen	*fountain*
Kirche	*church*
Kathedrale	*cathedral*
Platz	*square*
Museum	*museum*
Rathaus	*town hall, city hall*
Ruine	*ruins*

Unterkunft — *Lodging*

Wissen Sie, wo ich ein Zimmer in zentraler Lage finden kann?	*Do you know where I can find a room in the centre?*

Haben Sie ein Zimmer frei für zwei Tage?	*Do you have a room for two nights?*
Ich suche eine Pension.	*I'm looking for a bed and breakfast.*
Können Sie für mich reservieren?	*Could you book it for me?*
Doppelzimmer	*double room*
Einzelzimmer	*single room*
Können Sie ein Kinderbett aufstellen?	*Can you put in a cot?*
Waschbecken	*sink*
Dusche und WC	*shower and toilet*
Badezimmer	*bathroom*
Bitte den Schlüssel für Zimmer 10.	*The key to room 10, please.*
Wir reisen morgen ab.	*We're leaving tomorrow.*
Können Sie mich um sieben wecken?	*Could you wake me up at seven?*
Rufen Sie bitte ein Taxi.	*Would you order me a taxi?*
Campingplatz	*campsite*
Zelt	*tent*
Jugendherberge	*youth hostel*

Wetter — *Weather*

Wie wird das Wetter heute?	*How is the weather today?*
Es wird warm.	*It's going to be warm.*
Wetterbericht	*weather forecast*
heiß	*hot*
schwül	*humid*
bewölkt	*cloudy*
kalt	*cold*
kühl	*cool*
wechselhaft	*variable, unstable*
Wieviel Grad haben wir?	*What's the temperature?*
Wolke	*cloud*
Gewitter	*thunderstorm*
Hitze	*heat*
Regen	*rain, shower*
Sonne	*sun*
Wind	*wind*
Klima	*climate*
nass	*wet*
Nebel	*fog*

Zahlen — *Numbers*

null	*zero*
eins	*one*
zwei	*two*
drei	*three*
vier	*four*
fünf	*five*
sechs	*six*
sieben	*seven*
acht	*eight*
neun	*nine*
zehn	*ten*
elf	*eleven*
zwölf	*twelve*
dreizehn	*thirteen*
vierzehn	*fourteen*
zwanzig	*twenty*
dreißig	*thirty*
vierzig	*fourty*
hundert	*hundred*
tausend	*thousand*

Zeitangaben/Kalender — *Time/Calendar*

Wie spät ist es?	*What's the time?*
Es ist (ungefähr) ein Uhr.	*It's (around) one o'clock.*
Es ist viertel nach eins.	*It's quarter past one.*
Es ist halb zwei.	*It's half past one.*
Es ist viertel vor zwei.	*It's quarter to two.*
In einer halben Stunde.	*In half an hour.*
heute	*today*
gestern	*yesterday*
vorgestern	*the day before yesterday*
morgen	*tomorrow*
übermorgen	*the day after tomorrow*
morgens, vormittags	*in the morning*
nachmittags	*in the afternoon*
Abend	*evening*
nachts	*at night*
früh	*early*
spät	*late*
Tag	*day*
Woche	*week*
Monat	*month*
Jahr	*year*
Montag	*Monday*
Dienstag	*Tuesday*
Mittwoch	*Wednesday*
Donnerstag	*Thursday*
Freitag	*Friday*
Samstag	*Saturday*
Sonntag	*Sunday*
Januar	*January*
Februar	*February*
März	*March*
April	*April*
Mai	*May*
Juni	*June*
Juli	*July*
August	*August*
September	*September*
Oktober	*October*
November	*November*
Dezember	*December*

Die **fetten** Seitenzahlen verweisen auf ausführliche Erwähnungen, *kursiv* gesetzte Begriffe bzw. Seitenzahlen beziehen sich auf den Service.

Bildnachweis

Fotolia/Apeschi: S. 6 o.; Jörg Beuge: S. 55; Catnap: S. 72 o.; Sean Gladwell: S. 52 o.; Peter Helin: S. 8; Eva Lemonenko: S. 58; Patrick McCabe: S. 83; Martin Mullen: S. 3 o. Mitte, 72 u.; Airi Pung: S. 80; Sepavo: S. 6 u.; Edward White: S. 85
iStockphoto/Philippa Banks: S. 41; Tomas Bercic: S. 45; John Cave: S. 77; Dirk Freder: S. 42/43; Pawel Gaul: S. 40 u.; Brian Kelly: S. 3 o. l., 18; Hon Lau: S. 34 o., 44, 75; Alexandru Magurean: S. 26; Brian McMahon: S. 28; Aleksandrs Rumjancevs: S. 48; Westbury: S. 37 u.
Gerold Jung, Ottobrunn: S. 2 o. Mitte, 3 o. r., 12, 19, 33, 46, 78
Markus Kirchgeßner, Frankfurt/M.: S. 2 o. r., 15, 17, 23, 24, 52 u., 56, 64, 69, 82, 84
Siegfried Kuttig, Lüneburg: S. 7, 14, 16, 31, 40 o., 42, 57, 62
Pixelio: S. 81
Karsten-Thilo Raab, Essen: Schmutztitel (S. 1), S. 2 o. l., 3 u., 4/5, 9, 10, 34 u., 67 o., 67 u.
The Clarence, Dublin: S. 50
Vista Point Verlag (Archiv), Köln: S. 6 Mitte, 11, 20, 21 o., 21 Mitte, 21 u., 30, 35 o., 35 u., 38, 47, 49 o., 65, 66, 73, 74, 76, 79
Wikipedia/; Bjaglin: S. 60; Martin Brückner: S. 71; Emkaer: S. 37 o.; Mike Peel: S. 63; Tonkie: S. 61
Zanettini/laif, Köln: S. 49 u.

Schmutztitel (S. 1): Instrument der traditionellen irischen Folkmusik – die Tin-Whistle-Flöte
Seite 2/3 (v. l. n. r.): Temple Bar, St. Patrick's Cathedral, Straßenmusikantin, Merrion Square, hl. Patrick, St. Patrick's Day, Custom House (S. 3 u.)
Seite 6/7: Christ Church Cathedral (S. 6 o.), Caravaggios »Christi Gefangennahme im Garten Gethsemane« in der National Gallery of Ireland (S. 6 Mitte), St. Patrick's Cathedral (S. 6 u.), Glendalough im Süden Dublins (S. 7)

2., aktualisierte Auflage 2013

Verlegerische Leitung: Andreas Schulz
Reihenkonzeption: Vista Point-Team
Bildredaktion: Andrea Herfurth-Schindler
Textredaktion: Franziska Zielke
Lektorat: Eszter Kalmár, 2. Auflage: JB Bild I Text I Satz, Köln
Layout und Herstellung: Sandra Penno-Vesper
Reproduktionen: Henning Rohm, Köln
Kartographie: Kartographie Huber, München
Druckerei: Colorprint Offset, Unit 1808, 18/F., 8 Commercial Tower, 8 Sun Yip Street, Chai Wan, Hong Kong

ISBN 978-3-86871-649-8

An unsere Leser!
Die Informationen dieses Buches wurden gewissenhaft recherchiert und von der Verlagsredaktion sorgfältig überprüft. Nichtsdestoweniger sind inhaltliche Fehler nicht immer zu vermeiden. Für Ihre Korrekturen und Ergänzungsvorschläge sind wir daher dankbar.

VISTA POINT VERLAG
Händelstr. 25–29 · 50674 Köln · Postfach 270572 · 50511 Köln
Telefon: 0221/92 16 13-0 · Fax: 0221/92 16 13-14
www.vistapoint.de · info@vistapoint.de